続 滋賀の子どもの たからばこ

滋賀県児童図書研究会 編

SUNRISE

この本を読むみなさんへ

この本の名前を見て下さい。

『続 滋賀の子どものたからばこ』となっているでしょう。

この本は『滋賀の子どものたからばこ』の続きの本なのです。

『滋賀の子どものたからばこ』をみなさんのところに届けたとき、

「ぼくの町の話はあるかな」

「わたしの市はどんな話がのっているかしら」

そう思って、本を開いたお友だちがいました。


あなたはどうでしたか。

あなたの住んでいるところのお話が、ありましたか。


自分の住んでいるところのお話がなくて、がっかりしたお友だちがいたそうです。

「みんなに喜んでもらいたいわねえ」

「宝物はもうないのかしら」

それで、まわりを見回しますと、ありました。いっぱいありました。

人だったり、場所だったり、できごとだったり、食べ物だったり。
昔のことだったり、今のことだったり。

そんなわけで、『続 滋賀の子どものたからばこ』を作ることにしました。
こんどはあなたの町、あなたの市のお話が、のっているかもしれませんよ。
どのお話も、ほんとうのことばかりです。

この本を手にとっているあなた。
あなたのそばに、宝物がかくれていませんか。
みつけたら、聞かせてくださいね。
いっしょにお話が作れたら、いいですね。
あなたの見つけた宝物、どんな宝物かなあ。どきどきします。

滋賀県児童図書研究会会長　今関信子

この本と仲良しの『滋賀の子どものたからばこ』を、もう一度読んでくれたらうれしいです。

もくじ

「甲賀《こうか》忍者屋敷《にんじゃやしき》」たんけん　西堀《にしぼり》たみ子　9
いのちの水「カバタ」の暮《く》らし　村田《むらた》はるみ　25
瀬田《せた》の唐橋《からはし》　近藤《こんどう》きく江《え》　40
彦根鳶《ひこねとび》　北村恵美子《きたむらえみこ》　53
山岡孫吉《やまおかまごきち》さんの思いをつないだディーゼルエンジン　田中純子《たなかじゅんこ》　69
ぼくらの野洲川《やすがわ》ものがたり　上田英津子《うえだえつこ》　84
伊吹《いぶき》のもぐさ　藤谷礼子《ふじたにれいこ》　102
ほねやさん　平松成美《ひらまつしげみ》　115
あしあとは宝物？　今関信子《いまぜきのぶこ》　130

ビワマス　一円《いちえん》重紀《しげき》　143
空《そら》飛《と》ぶカメラマン　ほんだまん　156
木《き》之《の》本《もと》のお地蔵《じぞう》さん　鈴木《すずき》幸子《さちこ》　169
巌谷《いわや》小波《さざなみ》　樋口《ひぐち》てい子　180

解　説
参考文献・協力いただいた方々
挿絵をかいた人たち・執筆者紹介

表紙絵　徳永拓美

「甲賀忍者屋敷《こうかにんじゃやしき》」たんけん

西堀《にしぼり》たみ子

耕史《こうし》は保育園の年中組、修司《しゅうじ》は小学校の二年生。今、一番楽しいことは忍者ごっこです。今日も折り紙で折った手裏剣《しゅりけん》の投げ合いです。

「エイ、ヤッ」

手裏剣がとんでくる。

「エイ、ヤッ」

反対側からも手裏剣とんでくる。

「たおれなあかんで、手裏剣にあたったぞ」

「ぼく、パッとよけたもん。あたってないよ、ぼくよけるのうまいんだ。ほら、ね」

と耕史は右に左にからだをひねって見せた。

「耕史と修司はよっぽど忍者ごっこがすきなんやなぁ」

と横で見ていたお父さんは言った。

「すき、すき、だいすき」

修司と耕史の声がぴったり合った。

「それだったら耕史の誕生日《たんじょうび》に忍者の服をプレゼントしようかな」

お兄ちゃんの修司が
「ぼくもほしいな」

というと
「わかってるよ」

とお父さんはうなずいた。

プレゼントされた忍者の服を二人はさっそく着てみた。

「ボタンがぜんぜんない。ひもばっかりやな」

二人は下をむいてひもを結んでいる姿《すがた》は真剣《しんけん》そのものである。

「上着の内側におおきなポケットがあるよ。ここに手裏剣しまうんだね」

修司は折り紙の手裏剣を入れた。耕史もまけずにいっぱい入れた。

「こっちにもポケットがある。ポケットよおけあるなぁ」

「忍者の服は、ただの服ではないんだ。忍《しの》びのための道具入れの役目があるんだよ」

「忍びってなに？」

「忍者の仕事だよ」

「忍者は仕事なの」

二人とも忍者のことをもっともっと知りたくなった。

耕史と修司の様子をみていてお父さんは、

「よし、今度の日曜日に忍者屋敷《にんじゃやしき》に行ってみよう」

耕史と修司は「やった〜やった〜」と大はしゃぎ。


次の日曜日はよく晴れた。

「忍者屋敷は甲賀市《こうかし》にあるんだよ。さぁ出発だ」

とお父さんははりきっている。

「ぼくわかった。だから甲賀の忍者っていうんや」

「さすがお兄ちゃんだね。くわしいじゃないか」

お父さんにほめられた。

「伊賀の忍者もいたんだよ。伊賀って今の三重県《みえけん》にあるんだよね」

修司はちょっと得意そうに言った。

「そうそう、伊賀はこの鈴鹿《すずか》の山のむこうにあるんだ」

まわりは山々にかこまれていてたんぼや畑が続く道路を車が走っていく。

「なるほど『出《い》ずるにやすく守るに堅《かた》し』の土地っていわれたわけだ」

お父さんは感心《かんしん》したようにつぶやいた。

「それってどう意味なの」

修司は聞いた。

「この町から他の町に行くときは行きやすいけど、他より訪れた人にとっては入りにくいんだよ」

「これでは、敵《てき》も簡単《かんたん》に攻《せ》めてこれないね。迷路《めいろ》みたいになっているんだ」

「忍者屋敷のある町に着いたよ」

車を駐車場《ちゅうしゃじょう》に止めた。

修司と耕史はあたりをキョロキョロしながら歩く。

しばらくすると門があり古めかしい大きな平屋の家があった。

「ここに忍者がいたの」

「これが日本でたった一つしか残っていない屋敷なんや」

とお父さんが言った。一歩なかに入ると昔にタイムスリップしたようだ。

「うわっ〜天井《てんじょう》が低いし柱もおおきい」

「ここに忍者がいたんだね」

忍者屋敷には見学の人が何人もいた。

「忍者は子どもばかりではなく大人にも人気があるんだよ。アメリカでもよく知られていて英語で『NINJA』って言うんだよ」

とお父さんは言った。

入口で忍者のような太っちょのおじさんが話しかけてきた。

「ここは、望月出雲守《もちづきいずものかみ》の住まいとして使っていたのです。今から三百年前甲賀武士《ぶし》は五十三家あって、その中で特に強かったのは二十一家でその一つがこの家なのだそうです。長い間、そうとも知らないで住んでいたら、昭和三十三年頃ここが忍者屋敷ってわかったのだそうです」

「えっ、どうしてわかったの」

「この家の中にはいろんなところに仕掛けがあったからだよ」

「そうだ、みつけてみようか。たんけんだ。たんけんだ」

修司と耕史はワクワクドキドキ　まわりを見まわした。

まず、大きな厚い木戸《きど》にびっくり、お父さんといっしょに押したらやっと開いた。

その間にさっきのおじさんがいなくなった。

二人がキョロキョロしていると、大きな扉がぐるりとまわって、

「ははは、ここにいるよ」

とおじさんがにこにこ顔であらわれた。

「これがおなじみのどんでん返しだね、百八十度回るんだ。敵から逃げるときに使ったんだろうね。他にも仕掛《しか》けがあるよ」

「つぎの仕掛けはなんでしょうか」

修司と耕史はそっと押入《おしい》れを開けて見た。はしごをスルスルとひきあげてしまえば二階に上がったあと、二階へ上がれない。

三階もある。そこは薄暗く、そこからは敵の侵入を見張ったりすることができる。

なんにもないように見える床の下には、三メートルも落ちてしまう落とし穴がかくされていた。

「この忍者屋敷ではないけれど、つり天井《てんじょう》の仕掛けがある屋敷もあるよ。自分は逃《に》げてひもを切って、天井をおとすんやて」

修司は思わず頭をすくめた。天井が落ちてきたら、ぺっしゃんこだ。敵は困《こま》っただろうなぁ～と思った。

「忍者は敵と戦《たたか》うのが仕事ではないんやで、もちろん敵がいるから命があぶないこともある。家の中にも入ってくるから身を守るために、たくさん仕掛けをこらしたんや」

とお父さんは言った。

おじさんがいろんな手裏剣を見せてくれた。

「よおけあるなぁ。ぼくとおんなじ折り紙手裏剣がある」

耕史と修司は大はしゃぎだ。

「そのころの手裏剣だよ。甲賀忍者がよく使っていたのは四方手裏剣《しほうしゅりけん》やね。これは六方手裏剣《ろっぽうしゅりけん》と八方手裏剣《はっぽうしゅりけん》だよ」

「重たそうな手裏剣や」

「鉄でできているからね。昔は鉄は貴重なものでね、アニメや映画に出てくるように、パッパッと投げたりはしなかったのです。最後の手段として使ったらしいよ。そのかわりにまきびしをよく使ったそうだ」

「まきびし　それ、どんなんもん？」

「これや」

甲賀流 忍術屋敷
望月出雲旧宅
元禄建之

おじさんは袋の中からとがった実を取り出した。

「これがひしの実や」

「ひしの実って？」

ひしは水の中に生えている水生植物《すいせいしょくぶつ》で、葉がひし形で柄がホテイアオイのようにスポンジ状にふくらみ、浮きがわりとなり水面を漂い長い根が水の底に続いている。

「採っても採っても生えてきてものすごく強い雑草《ざっそう》なんや」

「それなら貴重品じゃないね」

実も黒くひし形で長さ五センチほどで両端に鋭い二本のトゲがあり白い果実はかたいからに包まれている。

「その実を乾燥《かんそう》させれば、まきびしができるんや。これを道にまき散らして追いかけてこれへんようにするんだ」

「ふんだらいたいやろなぁ　こんなにとがってるもん」

修司はおじさんのいうことが面白くてしかたなくて、おじさんにくっついて歩いた。

「もう一つ忍者の大切な仕事は、敵地《てきち》でひそかに情報《じょうほう》を集めることなんや、それで忍術《にんじゅつ》という特殊《とくしゅ》な術を身につけたんだよ」

とおじさんは言った。

「ぼく知ってるよ。木の葉かくれの術。火《か》とんの術。水《すい》とんの術、胸《むね》のまえにかまえた手で指をつなぎ『どろどろどろ』と唱《とな》えたらそれで忍者が消えるんだよ」

「きみたちは、それで忍者が消えると思ってるやろー。ところがそれでは忍者は消えないんやで」

おじさんは少し明るいところに移動《いどう》して秘密《ひみつ》をあかすように言った。

「ほんとうは。逃《に》げるんやで。うまくかくれるの」

「かくれる」

「そう、敵と味方にわかれてほんきのかくれんぼやな」

「かくれんぼ」

「遊びやないで、ほんきでかくれないと、ときには命を落とすことになるんや。それで、忍者はかくれんぼの修行《しゅぎょう》もしたのや。草や木にかくれる。塀《へい》や屋根の上にかくれる。くぼみや岩のかげにかくれる」

修司は自分がかくれているつもりになって、身をかがめてうなずきながら聞いた。

「かくれるとき、目くらましに、火薬《かやく》で煙《けむり》がもうもう出る物を投げたり、水の中に長い時間かくれていられるように空気を吸うものを持っていたり、ふつうの人がやらないかくれ方を知っていたんや」

「空気を吸うのは竹の筒《つつ》でストローみたいなのやで」

「まだまだあるんだよ」

とおじさんはどんどんと話を続ける。

「しのび歩きの術。忍《しの》び込《こ》みの術。ほかにもいろんな術があるんだ。だからね、忍者はだれでもなれたわけではないのだよ。山の中でひそかに忍びの術を毎日毎日練習をしてきた人だけが忍者になれたんだ。そして他の人に忍者ってわからないように服装術《ふくそうじゅつ》も身につけたんだ。とくに甲賀忍者は山伏《やまぶし》や商人《しょうにん》、薬売《くすりう》りに変装《へんそう》したんだ」

修司は、さっきから気になっていることがあり、声をひそめて聞いてみた。

「おじさんは、ひょっとすると忍者ですか」

「はははは、そう見えるかね。

おじさんはあかんなあ。こんなに太っていたら、足音だって大きくなってしまうやろし、忍者は忍びやからね、しずかにこっそりと人目につかないようにいろいろなことを見たり聞いたりしなくてはならないんやからね」

「知ってる、知ってる、ぬき足、さし足、しのび足」

修司がつま先立ちで歩いたら、耕史も

「ぬき足、さし足、しのび足」

といいながらどんどん歩いていく。

すると、とつぜん「キクキクキク」と高い音がした。

お父さんは静かに歩きながら
「そのろうかはウグイスばりやで、歩いたら音がするように作ってあるんや。あやしい人が入ってきたと、ろうかが知らせてくれたんや」

「忍者はいつも耳をすましていて、ゆだんしないようにしているんやて」

「すごいなあ。ぼく、ほんものの忍者にあいたいなあ」

「忍者が活躍《かつやく》したんは、戦《たたか》いがはげしいときや。だんだん戦いがなくなり平和になってきたら、忍者はいなくなったんやて」

とお父さんは言った。

「残念やなあ。」

「でもね、平和な時代になってほんまによかった」

と、お父さんはしみじみと言った。

「でも忍者はかっこいいね。お父さんも好きだよ」

「おうちへ帰ったらまた忍者ごっこしようね」

と修司と耕史は指きりげんまんをした。

忍者屋敷を出た頃、西の空があかくあたりがももいろでとてもきれいだった。なんかそのあたりに忍者がいるような気配《けはい》がした。思わず二人はバイバイと手をふった。

いのちの水「カバタ」の暮《く》らし

村田《むらた》はるみ

きよみと耕平と洋介は、長浜《ながはま》に住んでいる小学校四年生のなかよし三人。今日は、きよみのお父さんも仕事が休みなので、車に乗せてもらって、高島市《たかしまし》の針江地区《はりえちく》に向かっていた。

「おっちゃん、今日は、車に乗せてくれてありがとう。ぼくら三人とも、針江に行きたかったんやで」

耕平がぺこっと頭を下げる。

洋介が言った。

「ぼくら、『地球環境《ちきゅうかんきょう》を考える』授業《じゅぎょう》で針江の水の話を聞いたんや」

「二〇〇三年の春に『世界子ども水フォーラム』が滋賀県《しがけん》であった時に、世界中から集まった子どもたちが、水の問題を話しあったんや。その時、子どもたちが針江を訪れたんやて。そしたら、その子たち『針江は水の天国みたい』て、言うたんやって。そやから、私ら針江がどんな所か、いっぺん行きたかったんや。今日は連れて行ってくれて、お父さんありがとう」

きよみも、うれしそうだ。

長浜から北まわりで行くと、「高島」という道路標識《ひょうしき》が見えてきた。田んぼが一面に緑のじゅうたんとなっていて美しい。

「おい、もうすぐだ」

と、お父さんのハンドルさばきも快調《かいちょう》だ。

左手にびわ湖がみえてきた。

「あっ、今度はヨシがいっぱいだ」

「お父さん、授業で、ヨシは琵琶湖《びわこ》の水をきれいにするって聞いたわ」

「針江はわき水がたくさん出ているってきいたなあ」

「どんなに水がきれいなんやろ」

三人はわくわくした。

「さあ、ついたぞ」

そこは、高島市針江地区の公民館の前だった。

「お父さんが、電話でボランティアの人に、案内を頼んでおいたよ。ここが待ち合わせ場所だ」

ちょうど向こうから、背筋をぴんと伸ばした姿勢《しせい》のよいおじさんがやって来た。

「ようこそ、よく針江に来てくれたね。私、田中といいます。これは、見学をする人のしるしです」

そう言ってから、おじさんは、首からかける名札をひとりずつかけてくれた。

名札には、『針江《はりえ》の生水《しょうず》の郷《さと》』と書いてある。そして、竹でできたコップを一つずつ手渡してくれた。

「この竹のコップは、言われのあるコップなんだよ。ここの地区も三十五年前に田んぼが区画整理され、自然の形がこわれたんだ。そのために田んぼにいたホタルや虫や小動物が消えたんや。その時、上流の竹やぶには、手をつけなかったおかげで、竹やぶのホタルが流れつきホタルが田んぼに帰ってきたんや。そのお礼として竹やぶの整備をしている竹で作ったコップなんだよ。自然を取り戻そうと田んぼは、無農薬、減農薬に取り組んで、ホタルもドジョウも皆かえってくれたんだ。このコップできき水をしてもらうんや」

「ほー。そんなわけがあるんですか」

お父さんも大切にコップをもった。

みんなは、田中さんの後について歩き出した。道の側には、きれいな水が流れている。キラキラと光ってる水、せせらぎの音がここちよく、暑い日なのに涼しい風がほほをなでる。

「この水はな、針江地区の中を流れていて、家々の洗い場を通っていくんだよ。今から、そのうちの一軒、福田《ふくだ》さんのお家に案内するよ」

四人は、福田さんの家に着いた。

子どもたちのにぎやかな声を聞いておばさんが、出てきた。

「こんにちは、よろしくお願いします」

「よく来たね。さあ、こっちにおいで、これが、カバタやで」

とおばさんは、カバタを一音一音切って、ていねいに言った。

「おばさん、カバタって何？　こんな言葉、はじめてきいたわ」

と、きよみがたずねた。

「カバタというのはね、ほら、ここのようにわき水が出ている洗い場のこと。その水を使って、野菜を洗ったり、米をといだりするんよ。お魚の料理もね。ほら、お漬物の桶《おけ》も置いあるやろ、今は夏やからナスやキュウリの〝どぼづけ〟

をしているよ。そっちの桶は鮒《ふな》ずしがつけてあるんよ。使った水は、外の水路にながれていくようになっているんよ。鯉《こい》は、いつもお掃除をしていてくれる。ありがたいね」

と、おばさんは、屋根の下の水の洗い場を指さした。みんなは、指でさされた方を見た。

「わあー。鯉が泳いでる」

神谷さんがごはん粒をカバタの中の鯉に落とすと何匹もの鯉がしぶきをあげて、ご飯粒のえさを取り合って、食べ出した。

「わーすごいなー、鯉が取り合いっこしている！」

「釜についているご飯粒のおこぼしはね、このカバタに流して、鯉に食べてもらっているんよ。鯉は、村の中の川で泳いでいるけれど、おばさんがご飯粒を池に落とすときにはちゃんとくるんだよ」

と、福田さんはにっこりした。

鯉たちは、ご飯粒を食べ終えると、気持ちよさそうにカバタの中を泳いでいた。

トマトやキュウリがぷかぷかと浮いていた。きよみがのぞきこんでみていると、

「食べてみるか？　今日《きょう》の朝、畑でとってきたんだよ」

と、おばさんがトマトを切ってくれた。

みんなは、大よろこびで、トマトにかぶりついた。

「よう冷えとるわあ」

「水が冷たいのとちがう」

三人は、競うように、カバタの水に手をいれた。

「冷たくてつけていられないよ。」

カバタの中の水をのぞいてみると、下から水がぼこぼこ湧き出ている。

おばさんは、丸い囲いを指さして教えてくれた。

「ここのわき水は、二十三メートル下に掘ってあるんやで。年中同じ十三℃の温度なんよ、そやから、夏は冷たく、冬は温かい水や、井戸水は水道の水とちがうんやで」

わき水は壺池《つぼいけ》から、調理や洗い場の池、鯉のいる端池《はしいけ》から外の水路へと流れでていた。

案内の田中さんが、竹のコップを出して、「さ、みんなもっているコップで、ここの水をいただこう」と言われた。

「どうぞ、飲んでいって、家の水はおいしいよ。どこの家も自分の所の水が一番おいしいと思っているんです。家それぞれお水の味がちがうからね」

お父さんと三人の子どもたちみんなが、わき水を竹のコップにくんで飲んだ。冷たくってとてもおいしかった。

「この水でごはんを炊いたらおいしいんよ。生きる水、生活の水。私にとっては、命の水やね。だから、元気でいられるんよ」

笑顔《えがお》の福田さんに「ありがとうございました」と、お父さんと子どもたちは、お礼を言ってカバタをでた。

みんなが歩いていくとお地蔵《じぞう》さんのところにきた。お地蔵さんの近くで砂がぼこぼこ動いている。

「あっ、砂がおどってる」

洋介が大きな声を出した。

「わき水や！」

耕平も目を輝かせる。

田中さんは、この地蔵さんの言い伝えを話した。

「昔、子どもが病気で悪かったとき、この水を飲ませたら病気が治ったという、話が伝えられているんだよ。人々が、感謝《かんしゃ》してここにお地蔵さんを建てたんだ」

その話を聞いたお父さんが、お地蔵さんの前で手を合わせた。きよみたちも水を飲んで、手を合せてお地蔵さんを拝《おが》んだ。

元気よく水路沿いに歩いていくと、田中さんが立ち止まって話した。

「この道の地下を水が流れているんだよ。冬は、この道路のところだけ、雪が降《ふ》っても、つもらないんだ」

道の両側からも水がわき出して、川のよう流れていた。

田中さんは、わき水のほうを指さして、

「ほら、シュッシュと流れているのがわき水なんだよ。川の水は、このわき水が七割で、上流から流れているのが三割で、わき水が多いのでいつも川の水がきれいなんだよ。だからこんなにすきとおっているんだよ」

耕平は
「すごいなー」

と、地下水の量に驚《おどろ》き、もったいないなあと思った。

田中さんは、この針江の『生水《しょうず》の郷《さと》』の話を始めた。

「生水の郷というのは、二〇〇四年に水を大事にしようということで、地域の人たちが、『針江生水の郷』と名前をつけて、いろいろなことをみんなで取り組んできたんだよ。この針江地区は、わき水の町でね、水脈の上に集落が建っているんだよ。ほら、あそこに山が見えるだろう」

みんなは、山の方をながめた。連なった山々だ。

「あの山々は、比良山系《ひらさんけい》というんだよ。その山に降った雨や雪が地下水となり、伏流水《ふくりゅうすい》となって、この針江にわき水としてでてきているんだ」

お父さんもわき水がどこの家にもあって、昔ながらのカバタの生活をされていることを聞いて感心していた。

「おじさん、本当に水がきれいな町で、たくさんの人が来られているんですね」

と、きよみが言った。

きよみは、自分たちの他に、何組かのグループの人たちが、カバタの家を回っているのを見て、ここは、観光地《かんこうち》なんだと思った。

田中さんは、

「訪れるひとたちに、気持ちよくきてもらえるように、ごみのない町にしようと決めたんだよ。案内をする人がゴミ袋を持ち、ここを訪れた人の前や集落の人の前で、ゴミを二年間拾って見学してもらったんだ。今ではどこへ行っても、ごみが落ちていなくなったんだよ。住んでいる人たちも、草をかったり、花を植えたり、自分達の集落をきれいにしようと努力したんだ。針江の他にも、カバタは残っているし、びわ湖の周りでは、こんなふうに水を大切にして使っているところが、まだまだあるんだよ。上流の人は、下流の人の事を考えてきれいにして流しているんだ。また、下流の人は、その水を安心して使っているんだ。ここで、気づかいと信頼の水、人と人とのつながりが出来るんだ」

耕平たちは、田中さんの話を聞いて、この針江地区の人たちが、生き物との共生の暮らしを大切にされていることに、感動した。水を本当に大事にされているんだと思った。

歩いていくと、大きな川にでた。

「あっー、魚がいっぱいいる！」

「並んでいるよ、鮎《あゆ》がいっぱいで真っ黒だ」

「その魚は、鮎といって、びわ湖から、あがってきたんだ。この大川の掃除《そうじ》は、集落の全戸が出て、年、四回はするんだよ。掃除をするようになってからは、ハスや鯉、鮎の大群《たいぐん》が産卵にあがってくるようになって、鮎の大群の時は、川一面、真っ黒になるんだよ」

みんなは、じーっと川を見入った。魚が卵を産めるかくれる場所もブロックで工夫されていた。

きよみは、田中さんに聞きたいことがあった。

「ねえ、おじさん、外国の子どもたちも、ここにきたの？」

「そうだよ、水フォーラムが開催《かいさい》された時に、来たんだ。飲み水が少ない国は、水をとても大切にしていると言っていたなあ。だから、ここは、きれいな水がわきでているので、びっくりしていたよ。水の少ない国のこどもたちは、「水の天国や」といって、うらやましがっていたね」

きよみは、ほんとうにそうだろうと思った。

この針江を訪れて、今もわき水を大切にしている集落を見たり、話を聞いて、カバタという水文化や、水を大切にする心、自然や環境を集落全体で守っていることなど、今日一日でいろいろなことを学んだ。

きよみ、耕平、洋介の三人は、帰りの車中では、山に沈みかける、美しい夕日を見ながら、人と人とが協力して自分たちの暮らしを豊かにしている集落の人たちを思いえがきながら、長浜へと帰路《きろ》についた。

瀬田《せた》の唐橋《からはし》

近藤《こんどう》きく江《え》

（一）誠《まこと》との再会と花火大会

夏休みも半分過《す》ぎようとしていた八月。真一《しんいち》はＪＲ琵琶湖線《びわこせん》で誠の待つ滋賀《しが》の石山駅《いしやまえき》に向かっていた。ふたりが出会うのは、五年生の終業式の日、

「ぼく、滋賀に引っ越《こ》しするんや。びわ湖の近くや」

と、とつぜん誠から告げられた日いらいだった。

石山駅に着いた。誠と誠のお母さんが笑顔《えがお》でむかえてくれた。二人は、誠のお母さんの車に乗り込むと、誠の住むマンションへと向かった。

マンションは瀬田川沿《せたがわぞ》いに建っていた。

「真一、こっち来て」

誠は、真一をベランダへ連れて行った。瀬田川に目をやりながら、誠は少し自慢《じまん》げに

「瀬田川ってすごい川なんやで。びわ湖に流れ込む川は、大小合わせて四百六十近くあるけれど、流れ出る川はただ一つ『瀬田川』だけなんやで」

と、教えてくれた。そして、言い終わると左手の方を指さし、

「あの橋、見てみ『瀬田の唐橋』っていうんや」

「へぇー、あの橋瀬田の唐橋っていうんか」

と、つぶやきながら橋を見ていると、誠が

「唐橋を制《せい》するものは天下を制する！」

突然、大きな声で言った。

「どういう意味？」

真一は、思わず聞き返した。すると誠は

「ちょっと待って。この前お父さんと唐橋のことを調べたんや」

と、部屋に戻ると、何枚かの紙を持ってきた。そして、紙に目をやりながらゆっくり話しだした。

「さっき言ったように、びわ湖から流れ出る川は、ただ一つ瀬田川だけや。その瀬田川にかかっているのが、瀬田の唐橋や」

「いま、瀬田川には唐橋付近だけでも、六本の橋がかかっているんやけど、江《え》戸時代《どじだい》までは、瀬田川を渡る橋は唐橋だけやったんや」

「え、その事と、天下を制すって関係あるんか？」

真一は、今思っていることをそのまま誠にぶつけた。

「あるんや。瀬田の唐橋は、日本のほぼ真ん中にあって、古くから京《きょう》の都《みやこ》と東《とう》国《ごく》を結ぶ交通の要《かなめ》やったんや」

「え、京の都と東国？」

「黙《だま》って聞いて！」

誠がいつになく強い口調で言ったので
「ごめん」

と小声であやまった。

誠は少し間をおいて
「唐橋は、日本のほぼ中央にあって、東日本と西日本のつなぎ目になっているんや。だから、交通、商業、そして軍事上の要やったんや」

と、言い直した。そして、話を続けた。

「だから、戦《いくさ》の時、戦略上《せんりゃくじょう》、都の東にあたる瀬田川が、都と東国を結ぶ交通の要であり、都を守る防衛線《ぼうえいせん》となったんや」

「わかった」

真一は、口をはさんだ。

「それで、戦の時、瀬田の唐橋をいかに早くおさえるかが、勝敗《しょうはい》に大きく影響《えいきょう》するんやな」

うなずきながら誠は
「そんな橋やから、橋の奪《うば》い合いから歴史的大事件《れきしてきだいじけん》や合戦《かっせん》が、何度も繰《く》り広げられたんやって」

と、言った。

「なんか、唐橋ってかっこいいやん。近くで見てみたくなったわ」

真一が言うと
「今夜、橋の近くで瀬田の花火大会あるし行こう」

誠がはずんだ声で言った。

「うん、行く！」

真一も声をはずませた。夕飯《ゆうはん》を早めにすませた真一達は、足取り軽く瀬田の唐橋へと向かった。橋に着くと真一は
「橋、二つが、つながっているやん」

とさけんだ。すると、いっしょについてきていた誠のお父さんが、スマホ片

手に
「瀬田の唐橋は、大橋、小橋の二橋形式《にきょうけいしき》で、大橋の長さが百七十二メートル、小橋の長さ五十二メートル、中の島をはさんだ配置《はいち》になっているんや」

と、二人に教えてくれた。

「そうなんや」

真一は、納得して、ゆっくり大橋、小橋と渡って行った。そんな二人の背中で
「今のコンクリートの橋になったのは、大正十三年やって！」

お父さんの声がした。お父さんはまだスマホを見ていた。

しばらくすると橋の近くは大勢《おおぜい》の人でにぎわってきた。間もなく
「ヒュー、ドーン、バーン」

花火が始まった。

「わー、すごいなあ」

「ドドーン」

「きれいや！」

何度も、花火が打ち上げられ、そのたびに橋の上は人々の歓声《かんせい》であふれた。

真一と誠も顔を見合わせ、声をかけ合った。

「あっちの方がよく見えるんとちがうか」

真一達は何度か場所を移動《いどう》しながら、夜空に打ち上げられる美しい花火を楽しんだ。

花火が終わった。みんなぞろぞろ帰っていく。

「すごかった」

「きれいやったなあ」

真一と誠は口々に言いながら、今度はさっきの逆に「小橋」「大橋」と橋をもどり、家に向かって歩き出した。

（二）校章と擬宝珠《ぎぼし》

次の日の午後、誠のいとこの正《ただし》がやって来た。真一達と同じ六年生だ。真一達が、昨夜の瀬田の唐橋から見た花火の話をすると、

「クイズです！」

正はとつぜん、自分のかぶってきた「瀬田東小学校」の帽子の校章の部分を指さして

「このまわりは、瀬田の唐橋のあるものを型取ったものです。さて、どこでしょう」

真一達が考えこんでいると、

「降参か？」

正は、いたずらっぽく笑った。

「ヒント、ヒント」

「しょうがないなあ、それではヒントです。橋の欄干を思い出してみ」

それでも、真一たちが考え込んでいると
「降参やな」
と、正が言った。
「待って」
「降参なんてせえへん」
「じゃ、あと十秒やで。十、九、八……ハイ、終わり、降参やな」
ゆっくり、しかし強い口調で言った。真一達は仕方なく
「うん」
と答えた。その声を聞いた正は真一達の前に立ち
「僕は欄干です。さあ、二人とも、ぼくを見ながら欄干を思い出してみ」
と、言った。そして、自分の足を指差し、少しずつ手を頭の方にあげていきながら
「欄干の足は真っ直ぐ、さあ頭は?」

せたからはし

と、聞いた。

「あー！　わかった。わかった。欄干の上の部分は丸くなってたわ」

「ねぎ坊主みたいやった」

「あれ『擬宝珠』って言うんやで」

正は、瀬田東小学校の校章を見せながら
「全体の形は『小』の字を唐橋の擬宝珠で型取っているんや」

と、説明してくれた。三人の話を聞いていたお母さんが
「誠の瀬田南小学校の校章にも擬宝珠が使われているよ」

と、瀬田南小学校の帽子を見せてくれた。

「ほら、瀬田の唐橋の擬宝珠と南という漢字を型取っているよ」

「えー、知らへんかった」

誠が一番びっくりしていた。その時、正は、前におじいちゃんが、

「昔、瀬田は、瀬田小学校一つやったんや。でも、瀬田の人口が増え、子ども

の数もどんどん増えていって、瀬田小学校から、瀬田南小学校、瀬田東小学校、瀬田北小学校に、わかれていったんや」

と、言っていたのを思い出し

「瀬田北小学校の校章はどんなんやろう？　北小も瀬田小学校から分離した学校やろ。擬宝珠が使われていたりして」

と、言った。

三人の話を聞いていたお母さんが、瀬田北小学校の校章をインターネットで調べてくれた。

正の予想通り、北小の校章も、唐橋の擬宝珠で型取られていた。

「すごーい」

全員、顔を見合わせた。

「うちのおじいちゃんは、いつも『瀬田はひとつや、わしはいつもそう思っているんや』って言ってるで」

「なんか、唐橋がみんなをつないでいるみたいや」
誠が言うと
「本当やね。昔は、戦いのたびに、橋のうばい合いで合戦の場になっていた橋やけど、今はみんなの心をつないでいるみたいやね」
と、お母さんがしみじみ言った。真一は急に唐橋が見たくなってベランダに出てみた。つづいて、誠と正もベランダに出てきた。瀬田の唐橋は夕日に照らされていた。三人は、瀬田の唐橋を見た。

彦《ひこ》根《ね》鳶《とび》

北《きた》村《むら》恵《え》美《み》子《こ》

「エイ」「ヤー」「エイ」「ヤー」

かすかに掛《か》け声が聞こえる。病室の窓《まど》ぎわのイスに腰《こし》掛けていたぼくは、立ち上がって、開いた四階の窓《まど》から外を見た。すぐ下に小さな広場があって、黄色いライトの中に、長いはしごが見えた。ぎっしりと駐車《ちゅうしゃ》している消防《しょうぼう》自動車の前で、制服《せいふく》のおじさんたちが、笑いながら演技《えんぎ》を見ていた。

はしごのてっぺんで、おじさんが逆立《さかだ》ちをしている。

「その先もう一つやれ。練習したやないか！」とはっぱをかけられて「来年やる」と応《こた》えながらおじさんは降《お》りていった。

「おーい俊《しゅん》、窓を閉《し》めてもう帰れ。あまり遅《おそ》くなると母ちゃんが心配するぞ」

テレビを消しながら、じいちゃんが言った。

「うん、わかった」

ぼくはもう少し見ていたいと思ったが、眠《ねむ》そうなじいちゃんの声に、窓を閉めた。白い部屋が静まった。

じいちゃんは、大きな白いベッドに寝《ね》ている。十日前、自転車で横断《おうだん》歩道を渡《わた》っていたじいちゃんを、車がはねた。じいちゃんは救急車でこの病院に運ばれ、一ヵ月の入院になったからだ。

じいちゃんに、さよならして病院を出たけれど、やっぱり窓から見た広場が気になる。隣《となり》の消防署に行ってみた。広場には、制服を着たおじさんたちが、整列して話を聞いていた。

「団員《だんいん》の皆さんに観ていただき、激励《げきれい》をいただきました。ありがとうございました」

「終わります。解散《かいさん》」

敬礼《けいれい》をした人たちは、三々五々《さんさんごご》に散って、消防自動車に乗り始めた。次々とライトに明りが点《とも》り、車は帰っていった。車庫はガラーンとして薄暗《うすぐら》くなった。誰《だれ》もいない広場には、はしごだけがすっくと立っていた。はしごは高く、先が小さく見えた。

「すご～い、あんなところで逆立ちしていたんだ」

びっくりしていると、

「ぼく、父さんを迎《むか》えにきたのか」

制服のおじさんが、後ろから近づいてきて聞いた。

「う…ううん病院の窓からはしごに乗っている人を見たから……」

ぼくはうつむいてしまった。

「そうか、残念だな。もう終わって後片付《あとかたづ》けをしているところだ」

「あのう、はしごを触《さわ》ってもいいですか？」

ぼくは、ちょっと勇気を出して聞いた。

「ああいいよ」

はしごは竹でできていた。さわると、つるつるして両手でやっと握《にぎ》れるくらい太く硬《かた》かった。（太っ！）おもわずつぶやいた。

「そうだろう。人を支《ささ》えてくれるのだから、しっかりしてなくてはね。真竹《まだけ》の太く長いのを切ってきて、二年間乾燥《かんそう》させて、自分たちではしごを作るんだ」

「長いって、どれくらいですか？」

「六メートルだ」

ぼくは、思わずはしごを見上げた。ま下から見るはしごのてっぺんは、高くたかく夜の空にとけてしまいそうだ。

「高いなあ！」

「そうだろ、昔の人は、はしごの一番高い所から、火事の場所を確認《かくにん》していたんだ」

「え、このはしご、火事に関係あるんですか」

ぼくは、びっくりして聞いた。

「そうだよ、昔は住宅《じゅうたく》のほとんどが木造《もくぞう》だっただろ。だから火事が一番怖《こわ》かった」

「火事になったらどうしたの？　消防自動車はあった？」

「消防自動車が活躍《かつやく》しはじめたのは明治時代からで、その前の江戸《えど》時代は壊《こわ》し消火といってね、火が隣の家に移《うつ》りそうだと判断《はんだん》されたら、隣の家を壊してしまうんだ。火の勢《いきお》いが弱まったところに、水をかけて火を消したんだよ」

「えー、燃《も》えてない家を壊して火を防《ふせ》ぐの」

もったいない、とぼくは思った。

「乱暴《らんぼう》に思うだろう、でもね、木でできた家に火がつくと、あっというまに燃え尽《つ》きてしまうからね」

「ホースで水を飛ばして消せばいいのに」

「ホースはあったんだ。でも今みたいにしっかりしたものでなかったし、人の力でポンプを動かし、水を汲《く》みあげて飛ばすのだから、高く遠くまでは飛ばなかったのかもしれないね」

「ふ〜ん、そうなんだ」

「火は、小さいうちに消すと早く消える。できるだけ早く、火事の現場《げんば》に駆《か》けつけたい、火事はどこだ。火の見やぐらや持っていたはしごに登って、場所の確認《かくにん》をしたんだ」

おじさんは、火事を探《さが》しているように、片手をかざしきょろきょろした。

「今も火事はそうして探しているの」

「あははは、そうはいかないね。高いビルがある中では役にたたないからね」

ぼくは、思わず身をのりだして質問《しつもん》した。

「じゃあ、なぜ練習しているの」

「今は使ってないけど、昔から大事にしてきた『自分たちの町は自分たちで守る』という心意気《こころいき》を文化として、残していこうと練習してるんだ」

「心意気？　文化？」

「説明したいけど、今日は遅い。またゆっくり見においで。月に一度練習しているからね」

「ありがとうございました」

ぼくは、おじさんに一礼して広場を出た。

次の日、おじいちゃんのおかずを持って、夕食に間に合うように病院に行った。じいちゃんが食事をしている間も、体を拭《ふ》いてもらっている間も、ぼくは窓から外の広場を見ていた。鈍《にぶ》い明かりの輪《わ》だけが広場を照らしていた。

「俊、外に何があるんだ」

じいちゃんがベッドに寝たまま聞いた。

「うん、昨日ね、消防団のおじさんたちが、はしごに登っていたんだ」

「ほう、はしごにか」

「月に一度練習してるんだって」

昨日聞いたことを、ぼくが話すと「そういえば、彦根とびが復活《ふっかつ》したと聞いたことあるなあ」じいちゃんがつぶやいた。

「彦根とび？」

「そうだ。俊は三代将軍徳川家光《しょうぐんとくがわいえみつ》って人をしっているか？」

じいちゃんは、ぼくの顔をのぞきこむように聞いた。ぼくは、首を振《ふ》った。

「知らないか、三百年以上も前の江戸時代のお殿様《とのさま》なんだけど、二人の家来《けらい》に、お城を火事から守るよう命じたんだ。今の消防署のようなものだな」

「二人だけの消防署？」

ぼくは、火事になったお城に水をかけている二人の姿《すがた》を想像《そうぞう》した。

「そうなんだよ〝火事は江戸の華《はな》〟といわれるほど多くってね。もし、江戸城が火事になったら、二人ではお城を守れないと、八代将軍吉宗《よしむね》というお殿様になって、江戸城の周りにも、火事に対応《たいおう》できる部所《ぶしょ》を配置《はいち》させたんだ。これを大名火消しといったそうだが、お城や家来の家を守るための火消しだったので、町が火事になった場合、あまり役に立たなかったんだって」

「なんだ。だめだなあ」

　ぼくは、思わずためいきをついた。

「そこでだ、当時の南町奉行大岡越前守忠相《みなみまちぶぎょうおおおかえちぜんのかみただすけ》が立ち上がって『自分たちの町は自分たちで守ろう』と町の人たちと話し合って、いろは四十八組の町火消しが出来たそうだ。火消しが消防といわれるようになっても、町火消しの思いは、消防団員に引き継《つ》がれていると聞いたよ」

「へえ、おじいちゃん、すごい。消防のこと良く知ってるねえ」

「ああ、これはほれ、健太のじいちゃんからの受け売りだ」

　じいちゃんはニヤリと笑った。

健太はぼくの親友だ。健太のじいちゃんとぼくのじいちゃんも仲良しだったようだ(ちょっと不思議でちょっとうれしい)。ぼくはじいちゃんの横顔を見た。

朝、健太と登校班《とうこうはん》で一緒《いっしょ》になった。

「健太、お前のじいちゃん消防団員だったのか?」

「らしいよ」

「らしいって、なんだよ」

ぼくは、聞きなおした。

「あんまり知らないんだ。じいちゃんが死んだ時、おれ小さかったから」

健太は寂《さび》しそうに言った。ぼくは、健太に悪いことをしたかなと思った。

「ごめん、夕べじいちゃんが、お前のじいちゃんから聞いたって、消防の話をしてくれたんだ。お前も知ってると思ってさ……」

「ねえ健太。〝彦根とび〟の演技《えんぎ》を見に行かないか」

「彦根とび？」

「うん、消防団員の人たちがやっている〝はしご〟のことだよ」

「はしご？」

ぼくの言っていることが、健太にはピンとこないみたいだったが、次の練習日には、一緒に見に行くと約束をした。

ぼくは、じいちゃんの部屋から、いつもより早く出て、健太と消防署の前で落ち合った。

今日は風が強かった。広場に行くと、すでに制服の人がはしごの周りにいた。

高いはしごの上では、演技《えんぎ》が決まると胸《むね》の前でパンと手を打ち、両手両足をぱっと開いて「エイ」と声をだす。下で、はしごを支《ささ》えてる人たちが「ヤア」と掛け声をかけた。

「わあ、揺《ゆ》れてる」

彦根

竹の先を見ていた健太が思わず言った。おじさんを乗せて、はしごが揺れる。強い風が健太の帽子《ぼうし》を飛ばした。ぼくはあわてて拾ってはしごを見た。竹に腰《こし》掛けていたおじさんの体がすべった。（あっ、落ちる）。はしごの小骨《こぼね》で体が止まった。手足が空中に舞《ま》った、と思ったらパンと手を打ちぱっと両手足が開いた。見ている人たちから拍手《はくしゅ》がおこった。

「びっくりした、落ちたかと思った」

二人がほっとして顔を見合わせたとき、

「あれは肝返《きもがえ》り、といってみんな驚《おどろ》くんだ」と、声がした。

振《ふ》り向くと、いつの間《ま》にかおじさんが、後ろに立っていた。この前、いろいろ話してくれたおじさんだ。

「風があるのに勇気があるだろう。美しく見せるためには、すごく練習をしてるんだよ。服を着て練習しているのに、お腹《なか》に丸いアザが出来るほどね……」

「丸いアザってどうして？」

「竹の上にお腹をのせて、両手両足をエイと広げるだろ、自分の体重を竹の上一点で支《ささ》える。それを何回もやるんだ。アザもできるよね。練習した人への勲《くん》章《しょう》みたいなものかな」

「痛《いた》くないの？」

健太が眉《まゆ》をひそめて聞いた。

「痛いと思うよ。お腹もだけど、遠見《とおみ》のように腰掛けてする演技は、お尻《しり》をさすって、痛い痛いと言っているよ」

おじさんは真面目な顔でいった。

「はしごから、落ちた人いないの？」

揺れる竹の先を見上げて、健太が聞いた。

「彦根ではないけど、演技中に事故《じこ》があってね、この出来事から命綱《いのちづな》をつけることになったんだ」

「いのちづな？」

「そうだ。腰に巻《ま》いた綱の先を、輪っかにして竹の先にかけ、身を守るんだ」

「だから安心して、逆立ちできるんですね」

ぼくは、ほっとした。

健太がつぶやいた。

「こんなに練習しているのに、みんな知っているのかなぁ」

「一月の出初式《でぞめしき》と十一月三日の小江戸彦根の城まつりには、練習の成果を発表しているよ」

「知らなかった。一度も見たことない」

知っていた？　と言うように、健太はぼくの顔を見た。ぼくも知らなかった。

「それは残念だなあ。滋賀県でも演技するのはここしかないんだ。彦根とびは自慢《じまん》なんだよ」

おじさんは、胸をはるようにして、続けていった。

「火がなかったら生活をするのに不便だよね。でも、火事になると大変だ。財《ざい》産《さん》も思い出も、人の命さえも奪《うば》ってしまうかもしれない。『火事を起こさないでほしい』という願いとね、『自分たちの町は自分たちで守ろう』と頑張《がんば》っている地域《ちいき》のおじさんたちがいるんだ。そのことを、知ってほしいな。そして、見事だろう彦根とびの技《わざ》、ぜひ、お祭りには見に来てな」

おじさんは、明るい声で調子よくいった。

帽子が、風で飛ばされないように、両手で頭を押《お》さえながら、

「母ちゃんに、じいちゃんのことを、もっと聞いてみよう」健太が言った。

「彦根城まつりを絶対《ぜったい》見に行こうな」

ぼくと健太は、うなずきあった。

風が二人の背中《せなか》を押すように吹《ふ》いていた。

山岡孫吉《やまおかまごきち》さんの思いをつないだディーゼルエンジン

田中純子《たなかじゅんこ》

（一）震災《しんさい》を体験したディーゼルエンジン

「お母さん、このエンジンやね」

わたしは展示《てんじ》してある大きなエンジンを指さしました。

「そうやで仁美《ひとみ》、これは、大津波《おおつなみ》にのまれて陸に打ち上げられる前まで動いていた船の、ディーゼルエンジンなんやで」

わたしが小学二年生の三月に（二〇一一年三月一一日）東北で大きな地震《じしん》がありました。東日本大震災《ひがしにほんだいしんさい》です。遠く離《はな》れた滋賀県《しがけん》でも少しゆれたほどの大きな地震でした。

「この大きな船のエンジンは、お母さんが生まれる十年位前の一九六四年から使われていたものなんやて。大震災の津波に襲《おそ》われて船がこわれてしまう前まで、約五十年間しっかりと動いて、船を動かしていたんやて」

震災を体験したエンジンを展示品《てんじひん》とするため、遠く東北からここ長浜《ながはま》に運ばれました。

このディーゼルエンジンを作った会社はヤンマー株式会社《かぶしきがいしゃ》。創業者《そうぎょうしゃ》である山岡孫吉さんは、長浜市高月町《ながはましたかつきちょう》（旧伊香郡高月町《きゅういかぐんたかつきちょう》）の生まれです。わたしたちが今日来ているのは、ヤンマーミュージアムという体験型博物館。二〇一三年、前年の会社の創業百周年を記念して、孫吉さんの故郷である長浜にオープンしました。わたしたちは、ここの年間入場パスポートを持っていて、何度も来ています。

震災体験のエンジンはここの一画に展示してあるのです。お母さんと私と妹の三人は今その前で立ち止まっています。

館内展示コーナーに入るとすぐに、映像《えいぞう》が流れるエンジンシアターがあります。

「わたし、あそこに入ってスクリーン見てると不思議な気持ちになるんよ」

「お姉ちゃんもそうなんや。あたしも」

二人のやりとりを聞いたお母さんが、

「どんな気持ち？」

と聞いてきました。

「なんかわからんけど、力がわいてくる感じ」

「あたしも」

「エネルギーになったような気持ち。なんでもできるぞ！　って思える」

わたしは力強く言いました。お母さんは少し、しんみりとしながら、

「この生き残ったディーゼルエンジンも、力ふりしぼって五十年間も船を動かしてたんやな」

「エンジンパワーってすごいな」

「ブルルン。ブルルン。ブルブルブルブルー」

二人でエンジン音をまねてみました。

この東北から来たディーゼルエンジンの気持ちになるのは、ちょっとたいへんです。でもこうしてわたしたちと会って、三人の話を聞いてくれています。このエンジンは、長浜に、震災のことを忘《わす》れないで伝えるために来てくれたのです。

(二) 山岡孫吉さんとディーゼルエンジン

ヤンマー株式会社創業者の山岡孫吉さんが生れた頃《ころ》のふるさと長浜市高月町

は、働いているほとんどの人の職業《しょくぎょう》は農業や林業でした。今のような大きな耕《こう》うん機やトラクターなどなく、全ての仕事を人の力と、馬や牛を使って行っていました。大きな田畑を耕《たがや》すことは大変な仕事でした。その中でもお米をつくることは、泥《どろ》にまみれての重労働だったのです。

「なんとかこの作業を、少しでも楽にでききんもんやろか？」

孫吉さんはいつもそう思い続けていました。

十人兄弟の六番目に生まれた孫吉さんは一九〇〇年、十三歳で当時高等小学校とよばれていた学校を卒業しました。それからは、一生けんめいに家のために働いていたのです。米づくりは体力の必要な、たいへんな仕事でした。

孫吉さんは十六才の冬に、何冊《なんさつ》かの本だけを持って、大阪《おおさか》に旅立ちました。農業以外の仕事をするためにです。その本は小学校時代からずっとすり切れるまで読んで、暗唱できるほどになっていました。

その後、孫吉さんは十八才の時にガス会社で働くようになったことがきっかけで、エンジンを知ることになります。その後ディーゼルエンジンと出会い、一生を終えるまで、エンジン発展《はってん》のため、自分の人生の階段《かいだん》を一段《だん》一段《だん》しっかりと登っていくことになったのです。

滋賀県《しがけん》には近江米《おうみまい》と言われる美味しいお米があります。田んぼで稲《いね》を育て、美味しいお米ができあがるまでには年中様々な仕事があります。春に種もみをまき、苗《なえ》を育て、田んぼをしろかきし、田植えをし、夏には暑い中たんぼの雑草《ざっそう》をとり、秋に稲《いね》を刈《か》り、だっこくをし、もみすりをしてやっと玄米《げんまい》ができあがるのです。

孫吉さんは子どものころから、お米をつくる仕事の手伝いもしていました。すべての作業には、かんたんな農機具を使って、ほとんどを人の力だけで行っていました。しろかきには牛の力をたよることができました。

秋になり、刈り取ってだっこくしたもみを玄米にするもみすりは大切な作業でしたが、重労働でした。

重い石うすを上下二個《こ》すりあわせて「もみがら」をとるのです。上のうすに、長い棒《ぼう》をとりつけ、人が二人でそれを押《お》して回り、うすの上にある穴《あな》から、「もみ」を少しずつ入れて、カラをわり、玄米にしたのです。時間も手間もかかる、たいへんな仕事でした。

「農作業を楽にしたい」

孫吉さんは、その手間のかかるもみすりの仕事を何とかしたいと強く強く思っておられたのです。

一九二〇年、孫吉さんは、農業用三馬力石油エンジンのもみすり機を完成させます。重さは三十貫《かん》（約一一二キロメートル）という、運ぶことができる小型なものでした。

「もみすり機《き》実《じつ》演《えん》開《かい》催《さい》中《ちゅう》」というかんばんが長浜駅前に立ちました。完成した

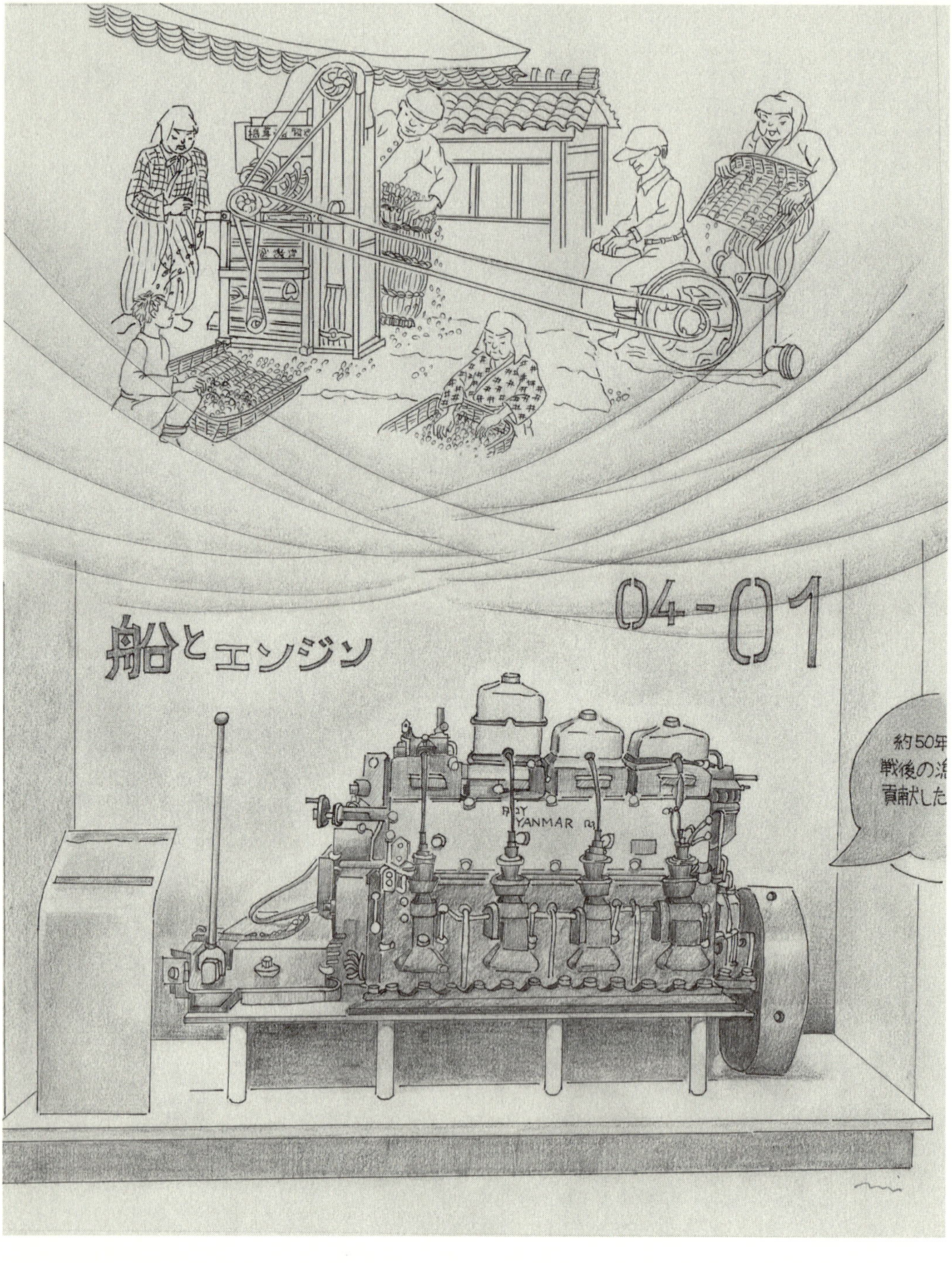

船とエンジン
04-01
約50年
戦後の
貢献した
YANMAR

もみすり機が十台もならび、実演が始まりました。

たくさんの人でいっぱいになりました。一時間で三十俵分もすることができ、すりあがった米もきれいで、見物の人はおどろきました。

「いままで、このもみすり仕事がめんどうでたいへんやったんや」

「エンジンの力はすごいなあ」

「あんなにはやく、きれいにもみすりをしてもらえるなら、うちのもたのもう」

「たのもう」「うちも」「うちもたのもう」

駅前はだっこくしたもみがらつきの米を持ってくる人々の、長い列ができたほどでした。

「この機械に台をつくり、村々を回ったらどうだろう。みんなの仕事が楽になってほしい」

孫吉さんの思いは、高等小学校を卒業したころから思い続けていたことと、少しも変わっていませんでした。

ふるさとでは、村中の家を回り、一けん一けんのもみすりを無料でしてあげました。

このもみすり機の製造《せいぞう》が、農家で生まれた孫吉さんが、自信を持ってつくった、農業用の石油エンジン動力機械製造の出発点だったのです。

この時に、孫吉さんは考えていたことがありました。

「会社の名前はどうしよう」

孫吉さんが最初に思いついた名前は「トンボ印」の石油エンジンでした。トンボは豊作の使者だったからです。しかし、この名前はすでに使われていました。

「トンボの中でも一番大きいのはオニヤンマです、ヤンマは山岡ににています。このひびきがよいと思います」

とひとりの社員が言いました。それで決まったのが「ヤンマー」だったのです。

一九三二年、孫吉さんは、日本から遠くはなれたドイツの見本市会場にいました。

そのころには会社も大きくなり、成功者となっていた孫吉さんでしたが、苦労も多く、気晴らしと新しい何かを求めて出かけた海外旅行でした。ドイツのライプツィヒで行われていた見本市で見たのは、大きな大きなディーゼルエンジンとその紹介映画《しょうかいえいが》でした。もうエンジンの仕事をするのは止めようと考えていた孫吉さんでしたが、またここで、ディーゼルエンジンにとりつかれてしまったのでした。何日も何日もこの映画を見るために見本市に行きました。

「なんとか、この馬力あるディーゼルエンジンを小型にして、農作業の機械につけられないだろうか？　もしそれができたら、つらくて苦しい田んぼや畑の農作業が楽にできるようになる、ふるさとのみんなが楽になる」

そう考えた孫吉さんは、心の中で何度もくり返しこう言い続けました。

「この大きなディーゼルエンジンを、僕は必ず小型にしてみるぞ」

エンジンを動かす燃料《ねんりょう》が、石油か重油かは、大きなちがいでした。重油で動くディーゼルエンジンは大型のものが多く、農作業に使うために人力で動かせる機械につけるための小型化の前には、大きなかべがありました。

ディーゼルエンジンにつかう燃料は重油で、石油とは違いねだんが安く、少しの燃料でエンジンを動かすことができました。農家にとってはお金がかからず、仕事が楽になることは夢《ゆめ》のようなことだったのです。

ここから始まった山岡さんの目標は今までだれもが無理だと言ってあきらめていた、「ディーゼルエンジンの小型化」でした。

「農作業をもっと楽にしてあげたい」消えそうになっていたその思いが、見本市で映画を見たことで、もう一度山岡さんの心に火をともしたのです。

「社長。回りました」

「ブルルン。ブルルン。ブルブルブルー」

今までの試作品では黒いけむりが出て失敗ばかりだったのが、その日回ったエンジンからはけむりも出ていません。

「三馬力から五馬力にしてみよう」

「大丈夫《だいじょうぶ》や！」「できた！」「できたんや！」

「これなら大丈夫や」

快調《かいちょう》に動いているエンジンを囲んで、優秀《ゆうしゅう》な技術者《ぎじゅつしゃ》と会社のみんなが、うれし涙《なみだ》を流していました。くじけないがんばりの結果、一九三三年十二月二十三日。エンジンの歴史を変える、ディーゼルエンジンの小型化が成功したのです。

その日は平成の天皇陛下《てんのうへいか》がお生まれになった日でした。

(三) 未来のエンジン

「お母さん、屋上行こう」

「わたし、足湯につかりたい」

「そうやな、景色もきれいやしな。行こうか」

わたしたち三人は館内の体験を楽しんで屋上にやってきました。西にはびわ湖、東には伊吹山《いぶきやま》の間に長浜の町なみが見えます。

「お母さん、わたしな、大人になったら、エンジニアになるわ」

びわ湖をながめながらつぶやきました。

「あの地震を体験したディーゼルエンジンみて、決心したん」

「おねえちゃん、そんなん男の子の仕事やで」

妹は、無理無理と手をふったけれど、お母さんはわたしの方を向いてこう言いました。

「仁美、思い続けることが大切なんやで。孫吉さんも、いつもふるさとのことを考え続けてはったんや。つらい農作業が少しでも楽になるように、田舎《いなか》の百姓《ひゃくしょう》生活《せいかつ》と言われていたくらしの中で、少しでも便利な生活ができるようにとディーゼルエンジンのことを考えつづけて、がんばらはったんやと思う。仁美は誰《だれ》も考えなかったようなエンジンがつくれるかな？」

「そうやな。まほうのエンジンやな。わたし、がんばってみたい」

「あはは。お姉ちゃんまほう使いか？　楽しみ楽しみ」

三人の大きな笑い声が屋上に広がりました。

かいだんを下りてから、最後に孫吉さんの記念室に行きました。孫吉さんの銅像《どうぞう》もにっこりうなずいているようでした。

ぼくらの野洲川《やすがわ》ものがたり

上田英津子《うえだえつこ》

（一）台風十八号

「すごい雨や。テレビの音《おと》がきこえへん」

コウは、台風情報《たいふうじょうほう》が流れるテレビの音量《おんりょう》を上《あ》げました。

「ほんまの台風って、ぼく、生まれて初めてや。ドキドキするわ……」

弟のジョウが、体をブルッと震《ふる》わせました。

平成二十五年九月十六日、敬《けい》老の日の朝のことです。守山市に住む、五年生のコウと、三年生のジョウは、並《なら》んでテレビの画面を見つめています。

アナウンサーは、緊張《きんちょう》した声で、避難《ひなん》命令の出た地域《ちいき》を、繰《く》り返し伝えています。京都府《きょうとふ》に流れている桂川《かつらがわ》が、豪雨《ごうう》のために氾濫《はんらん》している様子と、嵐山《あらしやま》にある渡月橋《とげつきょう》や、旅館《りょかん》、土産物店《みやげものてん》などの水害を、ニュースにしています。

早朝から、滋賀県《しがけん》にも「特別警報《とくべつけいほう》」という聞きなれない警報が発令されました。それは、重大な災害に対して、最大限の警戒を呼びかけるもので、発令されたら、その地域の住民は、命を守る行動をとるようにと呼びかけるものです。平成二十五年八月三十日に、使う事が決まったばかりの、新しい警報がさっそく出たのです。

コウたちの家は、守山駅《もりやまえき》にわりと近い場所にあり、野洲川もすぐそこです。野洲川というのは、鈴鹿山脈《すずかさんみゃく》が水の源で、甲賀市《こうかし》、湖南市《こなんし》、栗東市《りっとうし》、野洲市を経て、守山市を通って、びわ湖に注いでいます。長さは六十四キロメートルあります。この野洲川は、特別に重要な川で、国が一級河川として、管理している川です。その野洲川は、昭和五十四年に、真ん中に広い放水路《ほうすいろ》ができるまで、下流地域で南と北の二本に流れが別れ、びわ湖に注いでいました。その下流では、昔から堤防《ていぼう》が決壊《けっかい》して、大洪水《こうずい》を起こして、周辺の人々を苦しめてきたことを、コウは、学校の副読本《ふくどくほん》で学んでいます。

その時、ひときわ大きな雨音がして、リビングにある窓のすきまから、雨水が部屋の中に漏れてきました。

「ワーッ！　どうしよう、どうしよう」

「早く、水を押さえなあかん！」

お母さんと子どもたちは、あわてて雑巾を持ってきて雨水を押さえました。

雨足がさらに強くなって、ホースで水をまくように、家の中へと流れてきます。あっという間にリビングの床が半分ほど水浸《みずびた》しです。

「きっと二階のテラスの排水口《はいすいこう》があふれて、水がここに落ちてくるんやわ。なんとかせんとあかんわ……行ってくる！」

お母さんは、急いでレインコートを着ると、大きく息を吐《は》きました。

「お母さん、あぶないって。いかんとき！」

コウが言うと、ジョウも泣き出しそうな顔です。

「お父さんが出張中やし、三人だけでがんばるんや。ここはまかせたよ！」

お母さんはそういいながら、階段《かいだん》を駆《か》け上がりました。

広い二階のテラスは水がたまって、まるで子供用のプールです。横殴りの雨の中、お母さんは、排水口にたまった土砂《どしゃ》や枯葉《かれは》を、必死《ひっし》にかき出しました。

すると、いきなりゴーッと音がして、水が引いていきました。

「テラスの水、流れたわ。でもえらいこっちゃ、うちの家だけ水害や……」

すっかり水浸しになった部屋に降《お》りてきて、お母さんは、苦笑いしました。

「お母さん、無事でよかった！」

コウとジョウは、ずぶぬれのお母さんにかけよりました。

「二人とも、ありがとう。体が小さいから、排水口に吸い込まれて、おぼれそうになったわ……」

ずぶぬれのお母さんは、顔をくしゃっとゆがめ、泣きそうな顔です。

コウとジョウは、『えーっ？……』と、顔をこわばらせ互いを見ました。

「うそうそ、冗談《じょうだん》よ、冗談！」

お母さんは、それを聞いて怒《おこ》る二人に、笑《わら》いながら首をすくめました。

「でもお母さん。野洲川が決壊《けっかい》した時は、本当に人柱《ひとばしら》もあったんやで」

コウは、笑うお母さんに向かっていいました。

「人柱は、川の氾濫を止めるため、生きてる人が、川に身を投げるってこと？」

人柱という言葉《ことば》を聞いて、笑っていたお母さんの顔が、急にくもりました。

「その通り。野洲川って、大昔から、洪水のたびに、あちこちの堤防が切れて、大きな被害《ひがい》が出てたんやで。戦国時代《せんごくじだい》のころ、今の立田町《たつたちょう》にあった戸田堤は毎年切れて、みんなが疲《つか》れ果《は》てたって。そんな時、『このあたりは大蛇《だいじゃ》の悪霊《あくりょう》にとりつかれてる。若い娘《むすめ》を人柱にせよ』とのお告げが出たんや。それで、若い娘さんがいる家は、娘が人柱に選ばれたらかなわんと、扉をとざしてしまったって。そこで、庄屋《しょうや》の娘さんの奥野愛《おくのあい》さんが、大蛇へのみつぎものとして、自分から、戸田堤の人柱にならはったって。それからずっと、戸田の堤防は、切れへんかったそうやで。その立田町にある『愛の方明神』には、その愛さんが祭られて、今も大切にされてるそうやで」

「そんな悲しい話があるんやな……」

お母さんは、静かにいいました。

「兄ちゃん、後で見に行く？　野洲川の様子」

ジョウがいい、コウが賛成しました。

「今日はダメ。増水してるから、近づいたらあぶないよ。よく事故あるでしょう。明日にしなさいね」

お母さんはあわてて止めました。

コウとジョウは、不満そうに口をとがらせました。

「ホントに、危ないんだからね……あら、お日様が出てきた」

三人は、窓《まど》の外を見ました。すでに雨は止み、太陽が輝《かがや》き出し、窓から光が射して、水浸しのリビングを明るく照らしました。三人は夕方までリビングの片付けに追われました。

（二）台風後の野洲川のほとりで

次の日、学校から帰ったコウとジョウは、すぐに野洲川立入河川公園にきました。まだ危ないからとお母さんに注意され、二人は緊張しています。

でも、土手から見ると、グラウンドゴルフ場も、草野球場《くさやきゅうじょう》も、芝生広場《しばふひろば》も、ぬかるみもなくいつも通り、キャッチボールができそうで、拍子抜《ひょうしぬ》けです。

でも、川の近くまで歩いていくと、野洲川は、水かさが驚《おどろ》くほど増え、茶色くにごった水が、どうどうとすごい勢いで流れていきます。チョロチョロ流れている野洲川しか知らない二人は、その水の量と、荒々しさにびっくりして一歩、後ずさりしました。

「兄ちゃん、こんなに水がたくさん流れているの、初めてやなぁ」

ジョウが怖がっています。

「すごいもんやな……ジョウ、これ以上は絶対に近づくなよ！」

コウは、ジョウの背中《せなか》に腕《うで》をまわして、しっかり体を支えました。

「君ら、野洲川を見に来たんか？」

後ろからふいに、男の人に声をかけられました。二人が振《ふ》り向くと、しば犬を連れた体格のいい、元気そうなおじいさんです。

「はい。台風で野洲川がどうなったか、気になってきました」

コウは、お兄さんらしく答えました。

「今度の台風、雨がえらいきつかったなぁ。昭和二十八年九月の台風と同じ規《き》模《ぼ》やそうや。あのときはえらいことやったけどな」

「野洲川が大洪水やったとき、知ってはるんですか？」

コウは、興味《きょうみ》しんしんで聞いた。

「せやがな。ほんま、こわかったで。そのころ、荒見《あらみ》にあるおじいちゃんの家に住んでてな。すぐ近くの笠原《かさはら》の堤防が切れて、水がきたんや、夜やで。暗闇《くらやみ》を、必死で川と反対方向に、逃げたんやで。わしの兄さんは、柿の木に登ったまま、降りてこんかって、じいちゃん困ってたなぁ。ちょうどわしが、あんたらと同じくらいの歳やった」

おじいさんは、昨日のことのように話し、こわかったというふうに、肩をすくめました。

「笠原の堤防が切れたって、ほんまやったんや……」

コウは、おじいさんの顔をみました。

「そんな昔のこと、知ってんのか?」

「はい。それと、もっと昔の話でつぶ江神社のお話って、笠原でしたか?」

「おう、そうや。笠原にあるつぶ江神社のご神体が、洪水で流されそうになったとき、タニシがいっぱい集まって、みこしにくっついて、扉をまもり、ご神体を洪水から守ったっていう話やな。よう知ってんな、兄ちゃん」

「そうです。江戸時代のお話ですよね」

コウは、おじいさんにほめられて気持ちが高ぶり、ほおがピンクです。

「ぼくも、そのお話、紙芝居で知ってる！」

すかさず、ジョウも口をはさみました。

「ほう。弟くんも、勉強家やなぁ。たいしたもんや」

おじいさんは、感心したように、くちびるをとがらせました。

「でもな。昨日、ぼくとこの家が水浸しになってん」

ジョウは、台風で家が「床上浸水」になった話を、おじいさんにしました。

「君らの家だけ洪水か？　そら大変やったな」

おじいさんはちょっと笑って、じゃれつくしば犬の頭をなでました。

「かわいい犬やね……」

コウとジョウは、競ってしば犬の頭をなでると、しば犬は尾っぽをふって、
二人の手をぺろぺろとなめました。

「わしが子供の時、洪水で避難《ひなん》したっていう話をしたやろ？　その時、家で飼ってたしばしば犬と一緒に走ったんやけど、途中ではぐれてな。きっと水に流されたんやろなぁ。ほんまにつらかった……」

おじいさんはすっかり子供のころにもどっています。

「かわいそうすぎや……」

「悲しい話や……」

コウもジョウも、顔をしかめました。

「今は、野洲川が改修されて、ほんまにありがたいな。水害がないって素晴らしいことや」

おじいさんは、しみじみいいました。

「京都の川が大変なことになってるって……」

コウがいいました。

「そうやな。それにくらべて、改修されて北と南の流れの真ん中に出来た放水路は、幅《はば》も広いしな。洪水の時のことをちゃーんと考えた、まさしく『新野洲川』やな。でも、改修にとりかかるまでに、大変な苦労があってんで。広くて美しい田んぼや、たくさんの家が、水路に当たり、川の底になるっちゅう話やからな。実際、えらい犠牲をはらったんやで」

おじいさんは、厳しい顔でいいました。

「みな、反対しはったんやろね？」

ジョウは、聞きました。

「そういうことや。大声で反対運動してはったのを、覚えてるわ。家や田畑が川の底になるんやで。そら、いややで。でもな、冷静になって未来のことを考えて、ついに賛成にまわりはったんや」

「あ、未来って、もしかしたら、ぼくたちのこと？」

コウがいいました。

「おお、そういうこっちゃ。お兄ちゃんは、かしこいな。野洲川の改修《かいしゅう》をせんかったら、この十八号の台風で、野洲川は、また切れてたやろな。ここも水浸し。わしもタロウも、君らも水にのまれて……」

おじいさんは、怖そうに肩をすくめたジョウの頭に、手を置きました。

「エーッ、それ怖い話。ひょっとして、昔飼っていた犬もタロウって名前?」

コウは聞きました。

「その通り。昔はぐれた犬も、タロウって名前やった。わしのおじいさんが、野洲川のあだ名の近江太郎《おうみたろう》から、犬の名前つけたんや。近江一長い野洲川は、近江の長男ということで、近江太郎と呼ぶんやで。二人とも覚えときや。な、タロウ」

その時、タロウがリードをぐいっと引きました。

「よくそこで、グラウンドゴルフしてるから、また声かけてな」

おじいさんは、片手をあげると、タロウを連れて歩き出しました。

「めっちゃ、ええ話きいたな」

おじいさんに手を振ってあいさつをしてから、コウがいいました。

「未来のために、野洲川は改修されたって」

ジョウも、おじいさんの言葉をしっかりききいていたようです。

「お母さんが心配するから、帰ろか」

コウは、ジョウの肩に手をおきました。

（三）野洲川のほとりで

一年がたち、また秋がきました。コウとジョウの家は、家全体に工事用のシートがかけられ、リフォームをしています。雨漏りの原因になった二階の古いテラスがとりはらわれ、子供部屋が作られています。

「ジョウ、野洲川の公園に遊びにいこか？」

コウが、ジョウに声をかけました。日曜日の午後、天気のいい日は、たいてい自転車で広場にいきます。そして、グラウンドゴルフをしている佐藤《さとう》さんに、声をかけます。あの、犬のタロウと散歩していたおじいさんです。

「よう！　きたな」

佐藤さんは、競技《きょうぎ》のクラブをひょいと高くあげました。

「タロウは、元気？」

ジョウがききました。

「ああ、元気だよ。またタロウを散歩に連れてくるからな」

佐藤さんは、草の上にすわり、二人も並びました。

「今、家をなおしてるんです……」

コウは、佐藤さんにテラスの話をしました。

「そら未来のためにはしゃあないけど、テラスをとったら寂《さび》しなるやろな……

思い出つまってるやろからな。野洲川かて同じやで」

佐藤さんは、何だかやけに深刻《しんこく》な顔です。

「どういうことですか？」

コウが言って、二人は佐藤さんの顔をみつめました。

「いやはや、昔の野洲川、特に北流あと地のことなんだがな……」

佐藤さんは、腕組みをしました。

「たとえば中洲地区《なかすちく》では、新しい野洲川になってから、洪水がなくなったのはうれしいんやが……昔みたいに、わき水が出ないし、子どもたちが、君らみたいに野洲川に降《お》りる場所がなくなってしもて、川遊びができんようになってしもたんや。もう、テラスで遊べへん、君らといっしょやな」

「ほんま、テラスがないとさびしいで。バーベキューも、ひなたぼっこもできんようになったわ……」

ジョウがうなずきました。

「せやけど、ここ、野洲川立入河川公園《たていりかせんこうえん》があるから、ぼくらは幸せなんちゃうかな?」

コウは、考えこんでいます。

「そや。未来のために、中洲地区の川べりもこのようになれば……川の安全と、住民が望む自然環境《しぜんかんきょう》へと整備《せいび》をめざすこと。どっちも大切やな」

佐藤さんは、二人をやさしくみつめました。

「野洲川は、みんなの宝物やもんね」

ジョウは、佐藤さんにいいました。

「君らの世代も、この野洲川を、みんなに愛され続けるように、大切に活かしていってくれよ。よく野洲川の話も聞いてやってくれよ」

佐藤さんが、そういったとき、グラウンドゴルフの仲間の呼ぶ声が、聞こえました。

「ほんなら、また会おうな……」

佐藤さんが、そういったとき、二人は目をつむり、太陽を受けてキラキラ光る野洲川に向かって、じっと耳を傾《かたむ》けていました。

伊《い》吹《ぶき》のもぐさ

藤谷《ふじたに》礼《れい》子《こ》

「これ！　また！　悪いことばっかりして！」

ケンタをしかるおばあちゃんの声がとぶ。

「せっかく乾《かわ》いてきた薬草《やくそう》やのに、ふんだらあかんやろ！」

「薬草ってなんや〜。ただの草やん。道にもいっぱい生えたるで。草むしりして乾いたんやったら捨《す》てるだけやろ。けとばしたってどうってことないやん」

そう言ってけんたは、むしろの上に干してあったヨモギの葉を、思いきりけっとばした。

家と畑の間にしいたむしろの上から、乾きかけたヨモギがあちこちに飛《と》び散《ち》った。

「これ！　何てことするんや！　このいたずらぼうず！　ちょっとこっちへ来なさい！　お灸《きゅう》すえたろ！」

「うわーっ！　にげろーっ！」

ケンタは、すばやく走ってにげた。おばあちゃんも負けじと追いかける。おばあちゃんとケンタのおいかけっこが始まった。

三年生のケンタはすばしっこく、六十五才のおばあちゃんにとってはしんどいおいかけっこ。夏休みになり、長浜に住んでいるケンタは、お母さんとおやもとである伊吹《いぶき》へ遊びに来ていたのだ。

「はあー、しんど。ケンタはかけっこ速《はよ》うなったなあ。おばあちゃんは追いつけんわ。」

「えへへへへ」

しばらくしてケンタは、遠くから散《ち》らけたヨモギの後始末《あとしまつ》をしているおばあちゃんのところに、ゆっくりと近よって来た。

「あ、もどってきたな。ケンタ、ちょっと手、出してみ！」

そう言うやいなや、おばあちゃんはケンタの手をつかんだ。そして、手の甲《こう》に何かをおしつけるようなしぐさをした。ケンタは何かわからないまま、おばあちゃんからおしおきを受けた形になった。

「痛《いた》ーいっ！」

「そんなに痛くないやろ。お灸のまねや。ちょっと手の甲、おさえつけただけやないの。ほんまのお灸は、熱くてもっと痛いわ」

そう言って、おばあちゃんはケンタをつかんでいた手を、そっとはなした。

「ふーっ。お灸って何？」

「お灸は、やいとのことや」

「やいとって何？」

ケンタは、わからないことだらけになった。

「お灸はやいと、やいとはやけどから来てるそうや。米粒《こめつぶ》くらいに固《かた》めたもぐさを、体の痛いところにのせて火をつけるのがお灸や。もぐさは、ヨモギの葉のこまかい毛をとって手間かけて作ったものや。もぐさに火をつけるといっても、体の上においてるんやから、熱《あつ》いし痛い。けど、つかれた体には不思議《ふしぎ》とよく効《き》いて、後、スーッと楽になる」

おばあちゃんは、続けて言った。

「今では、肩《かた》こりや筋肉痛《きんにくつう》になると、シップやらスプレーやら、いっぱいよい薬があるけど、むかしはそんなもん何もなかった。おとなにとっては、もぐさのお灸が何よりのお薬で、役に立つものやったんやろな。けど、子どもにとっては、火を使うあぶないものやし、おとなが熱い痛いと言うので、こわいものとして見られてたんやろな。それで、悪いことすると、お灸すえるぞと言われたわけや」

「ふーん」

ケンタは、ちょっともぐさのことがわかった気がした。

「おばあちゃんが、このヨモギを干したのから、もぐさっていうのを作るんか？」

「いいや、もぐさ作りはこのくらいの量《りょう》では少なすぎる。これは、薬草屋《やくそうや》さんにもらってもらうお手つだいと、家での入浴剤《にゅうよくざい》にするヨモギや」

「ふーん。もぐさって作るのたいへんなんやな。昔からあるんやろ？　おばあちゃんの子どものころからか？」

「いやいや、もっともーっと昔からや」

そう言って、おばあちゃんは、もぐさにまつわる話をしてくれた。

「ケンタは、百人一首《ひゃくにんいっしゅ》知ってるか？」

「うん、お正月にしたことあるで」

「百人一首の中に、藤原実方朝臣《ふじわらさねかたあそん》という人の歌があるんや。

『かくとだに　えやは伊吹のさしもぐさ　さしも知らじな　燃《も》ゆる思いを』

ここに、『伊吹のさしもぐさ』とあるやろ。このころやさかい、千年くらい前から伊吹のもぐさは有名やったんやな」

「へーっ！　千年も前から？」

「いやいや、もっと昔からやろな。もぐさは、ヨモギからできてるやろ。ヨモギは薬草の一つで、お薬になる草や。ヨモギのほかにもたくさんの薬草が生えている伊吹山は、千年よりもっと前から薬草の宝《たから》の山としても有名やったそうや」

ケンタは、おばあちゃんの話に聞き入っていた。

「もともと薬草が多かったところへ、織田信長《おだのぶなが》が伊吹山に薬草園《やくそうえん》、つまりハーブガーデンを作ったから、ヨーロッパから持ちこまれたハーブにまじって、今も伊吹山にしかない草が多いんやて。イブキアザミ、イブキフウロ、イブキノエンドウとか、イブキと名のつく植物がいっぱいな。」

「へー。伊吹山ってすごいな。お薬の宝山やったんや。昔からあって、今も生えたるってすごいなあ」

おどろいているケンタに、おばあちゃんは続《つづ》けて話した。

「ケンタ、伊吹のもぐさは、有名なんやけど、今みたいに電話もテレビもインターネットもない昔に、どうやって日本中で有名になったと思う？」

「うーん、伊吹の人がみんなで宣伝《せんでん》したんかな？」

「そうやな。ちょっと近いけどおしいな。じつは、江戸時代《えどじだい》に伊吹のもぐさやの中に、すごい宣伝マンがいたということや」

ケンタは、宣伝マンって何だろうと思い、おばあちゃんの話を続けて聞いた。

「昔から近江商人《おうみしょうにん》言うて、商売熱心《しょうばいねっしん》な人が滋賀県《しがけん》には多かったそうや。伊吹のもぐさやさんも、江戸つまり今の東京《とうきょう》まで、もぐさを歩いて売りに行ったそうや。そこで、お金がもうかったさかい、人の集まる遊び場へ行って、お店の人たちにお金をたくさんあげたんやて。そのかわりに伊吹のもぐさの歌を歌ってくれとたのまはったそうや。今でいうCMソングを広めはったたんやな」

「へぇーっ。遠いところまで売りにいってはったんやな」

「自分の店では、旅人にもぐさを売ることはもちろん、旅にはかかせない馬をつれて歩く『馬子《まご》』といわれる人たちに、お酒やごちそうを出したりして、店の宣伝をたのんだので、この歌を口ずさんでくれるようになり、伊吹のもぐさは日本中に知られるようになったと聞いてるで」

「歌やったらおぼえやすいもんな。考えやったな」

そこへ、ケンタのお母さんがやってきた。

「なんや、楽しそうやな」

「うん、もぐさの話。お母さん、もぐさって知ってるか？」

「知ってるで。ヨモギからできたお灸やろ。お母さんが小学校のころは、夏休みの宿題で、薬草集めというのがあったわ。ヨモギやらゲンノショウコ、ドクダミ、セミのから、ヘビのからなんかをたくさんさがして、二学期のはじめに学校へ持って行ったわ」

「えーっ！　そんなん宿題なん？　そんなもん集めてどうするん？」

「集めたヨモギやドクダミは学校へ持っていくと薬草屋さんが買ってくれてたんや。売れたお金で学校にいるものや、児童会《じどうかい》で使うものを買ってたんやろな。薬草屋さんは、もぐさにしてはったんかもしれないけど、おもに、入浴剤にしてはったと聞いてるで。お母さんの小さい時のことやさかい、使い道はよく知らんけどどな」

「子どもも仕事てつだってるって感じやな。おもしろそう」

「入浴剤は、今もあるけど、昔は薬草ぶろといえば、すごいきついにおいがして、子どもにとってはちょっといややったな。でも、冬なんかはおふろ上りがとてもあたたかくて、気持ちよく寝られたのをおぼえているわ」

夕方になってきた。

「あっ！　かゆい！　カにさされた」

とつぜん、ケンタはカにさされた左うでをボリボリひっかいた。

「そんなにかいたらあかん！」

そう言っておばあちゃんは、近くに生えていたヨモギの葉をちょっとつまんできた。そして、くちゅくちゅとその葉っぱをもんで青い汁《しる》を出した。

「カにさされたら、こうしてヨモギの葉の汁をさされたところにぬると、かゆみが止まるんやで」

おばあちゃんは、ケンタのうでにヨモギの汁をやさしくぬった。しばらくすると、かゆみはましになった。

「ヨモギって何にでも効《き》くんやな」

ケンタは、おばあちゃんとお母さんの話を聞いて、ヨモギのすごさと伊吹山のすごさをあらためて知った。

その夜、ケンタはおばあちゃんの家に泊まった。今夜は薬草ぶろだった。おばあちゃんが干しておいた、よく乾いたヨモギを入れてもらった。ヨモギのつんとしたにおいがおふろの中にたちこめていた。

ゆぶねにつかると、とっても気持ちよかった。ケンタは、これがリラックスってことやなと思った。そして、お母さんもおふろでリラックスしてくれたらいいなと思った。

おふろから上がったケンタは、おばあちゃんのところへ行って、話しかけた。

「おばあちゃん、もぐさのお灸すえたろうか」

「ああ、おおきに。きょうはいっぱい走らせてもろたさかい、足にしてもらおかな」

「うん、いいで」

おばあちゃんは、とってもうれしそうだった。

けんたは、おばあちゃんの足のツボにもぐさのお灸をしながら、心の中でつぶやいていた。
おばあちゃん、きょうはごめんな。
おばあちゃん、きょうはいっぱい教えてくれてありがとう。
おばあちゃんのヨモギ大事にするよ。

ほねやさん

平松成美《ひらまつしげみ》

追坂峠《おっさかとうげ》をこえると目の前に大きなびわ湖が飛びこんできました。

「お父さん、びわ湖ってほんとに大きいね。海みたいだねぇ」

「そうだね。だから滋賀県《しがけん》の人は、びわ湖のことをうみっていうんだよ。ほらこの坂の下に見えているのが、海津《かいづ》だよ。あの桜《さくら》で有名な…」

「そうなんだ。桜の頃だと桜色にそまってきれいだろうね。で、今日はどこの道の駅に行くの?」

「安曇川《あどがわ》の道の駅だよ。ほら湖の左の方に出っぱってるところがあるだろう。

あれが安曇川の河口《かこう》。あの安曇川をわたったところに、『藤樹《とうじゅ》の里あどがわ』っていう道の駅があるんだ。あと二十分位で着くよ」

七海《なみ》ちゃんは小学校四年生。お父さんご自まんの赤い車に乗って、お母さんと二才の弟の四人で、月に一度、道の駅めぐりをするのが楽しみ。左手の方には大きな青く光るびわ湖。その手前には田んぼが広がっています。高架《こうか》になった道をかい調に走り、新安曇川大橋《しんあどがわおおはし》をわたり、信号を二つこえると左手前方に道の駅のかんばんが見えてきました。

「お父さん、あのかんばん、なんで四角じゃなくて丸でもなくて、あんな形してるの？」

「あっ！あれは扇型《おうぎがた》っていうんだよ。安曇川はね、扇骨《せんこつ》っていってね、扇子《せんす》の骨《ほね》を作っていることで有名なんだ」

「七海ちゃん、いいことに気がついたわね。ほら、道の駅の大きな屋根の上を見てごらんなさい。屋根の上に、扇子を広げた形のものがあるでしょ。本当に上手に安曇川の特産を表現しているわね」

お母さんも、とても感心して言いました。

「確か、道の駅の中に、扇子ギャラリーがあったと思うから、そこで、扇骨のことがわかるかもしれないね」

道の駅に入ると、その広さと人の多さにびっくり。地元でとれた新せんなお野菜がずらりとならび、高島市特産のアドベリーで作ったお菓子《かし》をはじめ、手作りせい品や美味《おい》しそうなお弁当《べんとう》がたくさんならんでいます。今日はどのお弁当を買うのかな~と思いながら、七海ちゃんは所せましとならべられているお弁当を見ながら人の波につられて歩いていました。

ふと気づくと、そこは道の駅の奥。目の前に、かんばんと屋根の上にあったあの扇型がいっぱい並んでいます。

「お父さ～ん、さっき言ってた扇子ギャラリー見つけたよ！」

七海ちゃんは、大きな声でさけびました。

「おっ！　七海、もう、見つけたのか！　買い物する前に、ギャラリーを見てみようか」

小さな弟をだっこしたお母さんとの四人でギャラリーに入っていくと、左手の少し高くなった舞台《ぶたい》みたいなところに、おじさんが何かしているのが見えました。

七海ちゃんは、思わずそばにかけよりました。板をかんなのようなものでけずっています。

七海ちゃんは、勇気をふりしぼって、そのおじさんに声をかけてみました。

「こんにちは。今、何してるんですか」

おじさんは、手をとめて、七海ちゃんの方をみて話し始めました。

「扇子って知ってるかい？　ほら、そこのギャラリーにたくさんならんでいるだろう。扇子の骨のことを扇骨っていうんだけどね。その扇骨を作っているんだよ。今しているのはね、『締直《しめなお》し』っていって、そろえた仲骨《なかぼね》をけずって形をととのえているんだよ。仲骨はね、扇面《せんめん》がはられる骨。その仲骨を支えているのが親骨《おやぼね》だ。扇骨ができあがるまでに、全部で三十四の工程《こうてい》があるんだよ」

「そんなにたくさん！」

と七海ちゃん。

「それぞれの工程はね、分業になっていてね。専門《せんもん》の職人《しょくにん》がいるんだよ。機械化されている作業も一部あるけれど、どの作業も時間がかかるし、細かい作業だし、長年の経験《けいけん》と技術《ぎじゅつ》と勘《かん》が必要な手作業も多いんだよ」

おじさんの話を聞きながら、よくみてみると、板に見えたのは、細くてうすい板がたくさん合わさったものでした。

「手間と時間をかけて扇子ってできてるんだね」

と七海ちゃんは目をまるくしました。

「でき上がった扇骨はね、八割は京都へ出荷され、京扇子として売られているんだ。扇子というと京都で作られているっていうイメージがあるけど、扇子の土台となる扇骨はここ安曇川で九割が作られている。だから、扇骨は地場産《じばさん》業《ぎょう》っていわれているんだよ」

「あぁ、それで、お父さんが、さっき、『安曇川は扇子の骨を作っていることで有名なんだよ。』って言ってたんだ！」

「へぇ、お父さんは物知りだね」

「いつごろから、扇骨づくりが始まったんですか？」

と七海ちゃんが聞いたその時、

「七海、そろそろ行こうか」

とお父さんの声。もっともっといろいろ聞いてみたい気持ちはあったけど、おじさんにお礼を言って扇子ギャラリーを後にしました。

二学期になって、待ちに待ったびわ湖一周学習の日がきました。滋賀県の小学校四年生が、ＪＲに乗って、ぐるっとびわ湖を一周して、滋賀県のことを調べて、実際に体験する日です。

七海ちゃんはこの日をとても楽しみにしていました。夏休みに、扇子ギャラリーで扇子づくりの実演を見て、おじさんからいろいろとお話を聞いて以来、扇子にとても興味を持ったからです。今日は、あの安曇川で扇子の絵付け体験ができるのです。

ＪＲ湖西線の安曇川駅でおりると、さわやかな秋晴れの空が広がっていました。びわ湖からふく風を感じながら、歩いて向ったのは、吹田扇子《すいたせんす》さん。ここで扇子づくりのお話を聞いて、扇子の絵付け体験をするのです。歩きながら、七海ちゃんは、わくわくした気持ちになってきました。

十分ほど歩いてお店に着きました。お店の前のじゃりをしいたところに、小さな山のようなものが、きれいにならんでいます。あれは、何かな？　と思いながら、お店の中に入っていきました。

お店の中には、色々な種類のたくさんの扇子がならんでいます。早速、吹田扇子の奥《おく》さんが、お話をしてくれました。

「みなさん、こんにちは。ほねやさんへようこそ！　このあたりではね、扇骨の仕事をする人のことを扇骨屋さんじゃなくて『ほねやさん』っていうんですよ。じゃ、扇子の絵付け体験をする前に、少しだけ扇子のお話をしますね」

「みなさんは扇子を使ったことはありますか？」

一番前にいた七海ちゃんが、手をあげて言いました。

「わたしは使ったことはないです。でもおじいちゃんやおばあちゃんが、夏にはいつもかばんの中に入れて、お出かけした時に良く使っています」

「そう、ありがとう。扇子はね、おじいちゃんが使っているのは男扇《おとこおうぎ》、おばあちゃんが使っているのは女扇《おんなおうぎ》っていいます。夏に使うのは、夏扇子《なつぜんす》っていうんですよ。その他に、踊りの人が使う舞扇《まいおうぎ》、お茶席で使う茶席扇《ちゃせきおうぎ》、飾《かざ》り扇《おうぎ》などたくさんの種類があります。ほら、こちらに置いている金色のが舞扇。そちらのが飾り扇。お茶席用は、小さいのよ。大きい扇子だと五十センチくらい、小さいのだと二十センチくらいのもあります」

七海ちゃんは、お店にかざられたたくさんの扇子を、くいいるように見ていました。

「扇の種類によって扇骨の長さやあつみ、大きさ、使う扇骨の枚数《まいすう》などもちがってきます」

七海ちゃんはそれを聞き、骨《ほね》の部分をよーく見てみました。飾り扇など大きな扇子はしっかりした大きな扇骨。扇骨に小さな穴《あな》が開いていて、も様になっているのもありました。

「では、今から奥《おく》の工房《こうぼう》へご案内します」

工房には舞台《ぶたい》のようなところがあり、そこにおじさんがすわっていました。扇子ギャラリーで見たのとは、またちがう道具がいっぱいならんでいます。

「みなさん、こんにちは。わたしは、吹田といいます。今日はびわ湖一周学習で、吹田扇子へ来てくれてありがとう。今から三十分ほど、実えんをしながらお話をして、それから二階で扇子の絵付け体験をしてもらいますね。それでは早速始めます」

吹田さんは、まず、扇骨の歴史について話してくれました。

「昔、安曇川ははんらんをくり返していてね。安曇川の堤防《ていぼう》強化のために植えられた竹を利用して、農家が作り始めたとされているんだよ。当時はね、いねかりが終わった後の農家の冬の仕事として、扇骨づくりをしていたんだ。その後、分業化が進んでね、地場産業《じばさんぎょう》として定着したんだよ。だから三百年位の歴史があります」

三百年！　と、七海ちゃんはびっくりしました。

「その昔、都の貴族《きぞく》が、安曇川にきて扇子づくりをはじめたとか、武士《ぶし》の落人《おちうど》が生活のかてを得るためにつくり出したともいわれています」

吹田さんの説明は続きます。

「最盛期《さいせいき》にはね、千五百万本の扇骨が生産されていたんだけれど、クーラーなどの普及《ふきゅう》で実用扇の需要《じゅよう》が大はばにへってきて、今では、飾り扇や舞扇、謡扇《うたいおうぎ》などの需要がふえています」

「現在、わたしのように扇骨を仕事としている人は約三百人います。その生産量は全国の九十パーセントをしめていて、また、扇骨の世界ゆいいつの産地として、海外にもほこることのできる竹手工芸伝とう産業なんですよ。でもね、今はこの仕事をする人が高齢《こうれい》になり、わかい世代にこの技術《ぎじゅつ》を伝えていくことが課題となっています。みなさんには、今日、扇骨という日本の文化をささえる仕事を知っていただいて、エコな扇子のファンになってもらえるとうれしいです」

「ところで、お店の前のじゃりをしいたところに、何か広げているのに気がついた人はいますか？」

　七海ちゃんは、さっと手をあげました。

「あれはなんだかわかりますか？」

と吹田さん。七海ちゃんは首を横にふりました。

「白干《しらぼ》しっていう扇骨作りの工程の一つです。薬品で竹をさらした後、天日《てんぴ》にほして、竹の青みをぬく作業です。冬で約一週間、夏で二〜四昼夜、日光にあてます。これから見てもらう作業は白干しの後の締直しという工程です」

　吹田さんは続けます。

「これは一枚の板のように見えていると思うけど、千三百枚の仲骨が板状《いたじょう》になったものです。これをけずって形を整えていきます」

千三百枚のうすい板があわさっていることを知り、七海ちゃんはびっくりまなこになりました。

スッスッー、スッスッーと心地よいリズムで、吹田さんの太いうでがとまることなく動いています。しばらくして、吹田さんは作業の手をとめて、言いました。

「今からけずった後とけずる前のちがいを感じてもらいますね。順番に来て、さわってごらん」

七海ちゃんは、また一番にさわってみました。けずる前のはざらざらしていて、ひっかかるような感じがします。でも、今、吹田さんがけずった後は、つるつるとなめらかです。まっすぐの一枚板のように見えていたのが、よく見るとうすいうすい扇骨が集まっていることもわかりました。ずい分根気と力のいる仕事なんだなぁと七海ちゃんは改めて思いました。

「では、今から二階で絵付けをしてもらいます」

吹田さんの案内で二階の絵付けコーナーに行きました。そこには、真っ白な扇型の紙と絵の具がありました。

「では、考えてきた扇面に書く図案を用意していただいた紙に書きましょう」

と先生。七海ちゃんは、かいつぶりの親子が大きく広がるびわ湖で泳いでいる絵を書きました。


「みなさん、おつかれさまでした。今日の体験はいかがでしたか。滋賀県には世界にほこる扇骨というすばらしい伝とう産業があることを、しっかりと覚えていただきたいと思います。今日かいてもらった絵は、扇子に加工し、一ヵ月後にみんなの学校に送ります。では、気をつけてお帰りくださいね。さようなら」

「ありがとうございました。さようなら」

七海ちゃんは、世界に一つだけの扇子がとどくことを楽しみに電車に乗りました。

あしあとは宝物？

今関《いまぜき》信《のぶ》子《こ》

あなたは、自分の先祖《せんぞ》は、どんな人かと考えたことがありますか。
先祖というのは、あなたのおじいちゃんのおじいちゃんのおじいちゃんのおじいちゃんの……まだまだ前の人のことです。
かんたんにはわかりませんが、わかることもあります。

下《しも》之《の》郷《ごう》遺《い》跡《せき》って知っていますか。
守《もり》山《やま》市《し》にあります。

守山市を知っていますか。

ＪＲびわこ線に乗っていると、三上山《みかみやま》が見えますが、そのふもとにある市です。三上山は、富士山《ふじさん》みたいに美しい形をしている、ふるさと富士です。

ふるさと富士というのは、ふるさとにある富士山みたいな山のことですよ。

いまから二千二百年も前、下之郷というところに、日本で五本の指にはいる大きなムラがありました。

二千二百年も前？

そんな昔のことが、なぜわかったのでしょう。

ぐうぜんでした。

下水道工事をしていたとき、見かけないものがみつかったのです。

「これ、なにかな」

「土器のかけらじゃないですか」

調べてみたら、弥生時代《やよいじだい》のものでした。

びわ湖の湖畔《こはん》近くで、稲《いね》を作っている人たちが、もっと住みやすいところをさがして、下之郷に住みついたのです。家の跡《あと》とか道の跡とか井戸の跡とか、いろいろな跡が見つかりました。


いまわたしたちがふんでいる地面は、二十一世紀の地球の表面です。表面には、土ぼこりやちりがふりつもります。

あと百年たったら、わたしたちのふんでいる地面は、土の中になっているはずです。

千年たったら、「平成時代の人の遺跡だ」と、新しい土をはがして、わたしたちの暮《く》らしぶりを、調べる人がいるかもしれません。

弥生時代には、文字がありませんでした。だから、土の中から出てくるモノで調べます。土の中から出てくるモノを、「読む」学問を考古学《こうこがく》といいます。

考古学を勉強して、昔のことを調べると、いろいろなことがわかります。

あるとき調査をしていると、なにかの跡がみつかりました。

「なんの跡かな」

注意深く調べます。

「こっちにも、あった」

「すごいぞ。大発見だ」

発掘《はっくつ》している人たちは、代わりあって何かの跡を見ています。

それを見ている子がいました。

近くのアキラです。アキラは、発掘調査《ちょうさ》がめずらしくて、学校から帰るとすぐ、見に行っていたのです。

アキラも、何かの跡が見たくて、飛び出しました。そしたら、調査している人に、ストップをかけられました。

原さんという考古学を勉強した人でした。

「こわしたら、とりかえしがつかないんだ」

原さんたちが、宝物のようにたいせつにしているモノは、金でもダイヤモンドでもありません。お金でもなく首飾《くびかざ》りでもありません。土のへこんだところでした。

何日もたったとき、アキラは、原さんに教えてもらいました。

「宝物は、何だったの?」

みつかったのは、あしあとだったのだそうです。

「あしあとが、宝物?」

アキラには、宝物に思えません。

歩いたあとが宝物だなんて……、アキラは、いっぱい歩いて、そこらじゅうを宝物だらけにしてあげられます。

原さんはいいました。

「このあしあとは、二千二百年前の人のあしあとなんだ。ずっとずっと昔に、ここに生きていた人のあしあとなんだよ。買いたくても買えないんだ。作りたくても作れないんだ。これしかないんだ。貴重《きちょう》なモノなんだよ」

原さんは、地面をとんとんとふみました。

アキラたちが立っているあたりは、少し前まではたんぼでしたが、いまは新しい家がどんどんできています。工場があります。スーパーマーケットがあります。

二千二百年前、ここはどんな風景だったのでしょう。

ビルのすきまから見える三上山は、ふもとのほうまで見えたにちがいありません。そこらじゅう木がしげって、イノシシやキツネがいたでしょうね。

あしあとを研究すると、このあしあとをつけた人がわかるそうです。

「えっ？　どんな顔してた人とか？」

「それは、むり。でも、なんセンチくらいの背の高さだったと、男か女か……とかは、わかるで」

「じゃあ、体重も？」

「わかるよ。弥生人は、おでぶちゃんはいなかったと思うな。

そのころは、おなかすいた、と思っても、お店なんてなかったから、すぐおやつを買いに行って、むしゃむしゃ食べたりできなかったもんな。

それに、アイスクリームもポテトチップスもなかったから、おとなも子どもも、やせっぽちだったのとちがうかな」

「ほねほねのガイコツじゃないよね」

「ハハハハ、それはちがうな」

原さんは笑って、

「発掘してみて、このムラの人たちは、いろんなモノを食べていたことが分かったで。黒いかたまりが出たとき、調べたら、いくつもいくつもかさなったゲンゴロウブナの頭やったんや」

「頭だけ？　どうして？」

「頭は食べにくいから、ちぎって捨てたんやろな。黒いかたまりのあったところは、ゴミ捨て場や」

「そこを調べれば、弥生の子どもが、何を食べていたか分かるね」

「イノシシや野ウサギは、食べたよ。骨が出てきたからな。

シイの実とかヤマモモとか、森に木があったことが分かっているから、それも食べたと思うな。

そやけど、草の実やキノコや球根なんかは、分からないんや。そういうものは、一年でかれてしまうやろ。くさってしまえば、残らないもの。

残っているって、すごいことなんやで」

アキラには、分かる気がしました。

下之郷の土についた足の跡。研究では、大人の女の人の親指らしいのです。

「何してたんやろな」

指の跡がついたということは、足の指に力が入ったのでしょう。田んぼから、道にのぼろうとしたのかもしれません。おいしそうな実を見つけて、坂の上に行こうとしたのかもしれません。イノシシが来そうだったから、あわててにげたのかもしれません。

残っているモノを手がかりに、下之郷の人たちの暮らしぶりを、想像《そうぞう》します。思い描くのです。

あしあとがなかったら、好きかってに想像することになります。そうすると、自由に想像できすぎて、どこの国のことか、どこの時代のことか、めちゃくちゃになってしまいます。

「土のように見えても、かけらのように見えても、モノがあるってすごいんやねえ」

「そうなんや。あしあとをつけた女の人は、背丈《せたけ》が百五十センチもなかったらしいよ」

「ぼくの母さん、百六十二センチやで。弥生の人は大きくないんだ。子どもも小さかったのかな。かけっこは、早かったかも知れないね。だって、自動車なかったし、足がじょうぶだったとおもうな」

「それに、虫歯もなかったし、あごも強かったんじゃないかな。おさとうがなかったし、かたいものを食べたにちがいないからね」

「そうかあ……」

アキラは、仲良しになれそうな弥生の子がいる気がしました。

原さんはいいました。

「弥生の人たちは、勇気出して食べてみたり、工夫して何か作ったり、毎日、一生けんめいだったんやろな。弥生の人の勇気や知恵が、次の時代、次の時代とうけつがれたり、やり直されたりしながら、平成のぼくらの暮らしまでつづいているんやね。それが歴史やで」

「ぼくがふんでいる地面の下に、昔、昔、とーってもむかし、ここにいた人たちの勇気や願いがうまっているんやね」

アキラは、昔を思って、目をつむりました。

うまくいかなくてがっかりして、三上山を見上げたかもしれません。三上山からのぼってくる太陽にはげまされて、もう一度やってみよう、とがんばったかもしれません。

アキラだって、三上山からのぼってくる太陽に、がんばれっていわれたような気がしたことがありました。

平成の暮らしは、弥生の昔の人たちに、つながっているのです。

「あっ、たいへん。注意しなくちゃ。ビルをたてたり工事をしたりするとき、ざっくざっく地面を掘ったら、夢がこわれてなくなっちゃうよ」

「そうだよね。それで、日本では、ビルをたてるまえ、必ず調査をする約束ができているんやで」

「宝物、またみつかるといいな」

アキラには、ただの地面が、昔の人の夢の宝箱のふたに思えました。地面の下に宝物があるかもしれません。

アキラは、とおーい昔のことがわかる考古学という学問が、面白そうに思えました。

「ぼく、大きくなったら、昔を調べる人になろうかな」

「たのもしいねえ」

原さんは、アキラの肩に手をおくと、にっこりわらいました。

ビワマス

一円重紀《いちえんしげき》

十月のある日曜日の朝、

「ワーすごい！お父さんこれ見て！」

新聞を見ていた広樹《ひろき》が、突然《とつぜん》大きな声でお父さんを呼んだ。

「何や急に大きな声で」

「これ見て、この大きな魚、ビワマス言うのやて、お父さん知ってる？」

「天野川《あまのかわ》を遡上《そじょう》するビワマス、と書いてあるな。お父さんもこんなの初めて見た」

「すごいね。四十センチのビワマスが飛《と》び跳《は》ねる川、一度見てみたいな」

昼過《ひるす》ぎになって、おじいちゃんが野菜《やさい》を持ってやってきた。

おじいちゃんは、広樹の家から三十分くらいで行けるところに住んでいる。山もあり、愛知川《えちがわ》という大きな川も流れているところだ。

広樹は、早速《さっそく》今朝の新聞を見せた。

「おじいちゃん、この魚知ってる？　四十センチだよ。びわ湖から来るんやて」

「どれどれ、ああこれは『アメノウオ』やな。なつかしいな。天野川には今でも上がってくるのやな。

秋になって大雨で川が増水《ぞうすい》すると上がってくるので、アメノウオと言うてるが、本当はビワマス言うのや」

「知ってたの？　おじいちゃん。愛知川も来るの？」

「昔は沢山《たくさん》来たが、もう来んようになってからずいぶん経《た》つなあ」

おじいちゃんは新聞を返すと、遠い空をみるような眼《め》をして言った。

「おじいちゃんの子どもの頃《ころ》は、秋の大雨の後、アメノウオを待ちかねて、大人も子どもも『シャクリ』に行った」

「シャクリ？」

「箱メガネと言うもんで急流を上がってくる魚を見付《つ》けて、シャクリ竿《さお》でグイッとシャクルのや。かかるとすごい引きやったなあ」

日当たりのよい暖《あたた》かい縁側《えんがわ》に腰《こし》かけたおじいちゃんは、子どもの頃の話を、つい最近《さいきん》の出来事のようにすらすらと話してくれる。

「おじいちゃんはな、子どもの頃、仲間《なかま》の内でも、何か作るとなると一番上手《じょうず》やった」

「何を作ったの？」

「そやなあ、夏休みにはよくシャクリ竿を作ったなあ」

「シャクリ竿？　夏休みに？」

「そうや、秋になるとアメノウオが上がってくるからその準備《じゅんび》や」

「アメノウオってビワマスのことやね」

「そうビワマスや。この魚はな、びわ湖だけのサケといわれ、秋になると生まれた川へもどってきて産卵《さんらん》するのや。冬中に孵化《ふか》して、梅雨頃《つゆ》まで川で育ち、梅雨になって川が増水した時に、みんなびわ湖へ下るんや。四年ほどで大きくなってまた生まれた川へ上がってくる。その魚をおじいちゃんらはシャクリで捕《つか》まえるんや」

広樹には、急には信じがたい話だったが、当時を思いだして、顔を紅潮《こうちょう》させて話すおじいちゃんの話を、聞いているだけでわくわくしてきた。

「シャクリ竿ってどんなもの？」

「これはな、強い竹で作るのやが、ひっかける針は子どもには作れんから、大人の人に作ってもらい、凧糸《たこいと》を撚《よ》った強いヒモをくりつける」

おじいちゃんは新聞広告の裏《うら》に竹の絵を描き、先から少し下を指さして、

「ここに小刀で穴《あな》をあけて、針にくくり付けたヒモを、上から通して穴から引っ張り出す」

ことをなげにおじいちゃんは話すが、ぼくと同じくらいでこんなことできるのかなあ、と思いながら聞いていた。

「これからが細工の面白いとこや。竹を割ったもので、薄く削ってヘラのようなものを作る。おじいちゃんは、小刀も上手に使えたから、友達のも作ってやったんや」

広樹は鉛筆《えんぴつ》もうまく削れない自分が、少し恥《は》ずかしかった。

「竹のヘラは五センチくらいで、端《はし》の方に切り込みを作ってヒモをくくる」

絵をかきながら話すおじいちゃん、

「十センチくらいのヘラを、竿の中間にくくり付けて、ヒモのヘラをはさむ」

絵に描いた竹竿が、おじいちゃんの話につれて、見る間に面白い形になった。

「竿はこれで完成《かんせい》や。これで魚を引っ掛けると、ここのヘラがはずれてヒモが伸《の》びる。魚は暴《あば》れるがにげられん。という仕掛《しか》けや。」

おじいちゃんは満足《まんぞく》そうな笑顔《えがお》を見せた。


「何か楽しそうですね。お二人の声、あちらまでよく聞こえてますよ」

お母さんが、お茶とおやつを持って来た。

おじいちゃんは、お茶を一口飲むと、すぐにまた話し始めた。

「大雨の後アメノウオが上がってくると、水の澄《す》むのが待ち遠しくて、気の早い人は、朝早くからウス濁《にご》りの川へ入ってた」

広樹は、思わず身を乗り出していた。

「秋になってからの川の水は冷たい。みんなで焚《た》き木を集めてきてたき火をしてた。子どもが川へ入れるのは、水が減《へ》ってきてからで、大人が先に捕《と》ってると、やきもきしたもんや」

広樹は一番聞きたいことをたずねた。

「おじいちゃんが初めて捕ったのは？」

「五年生の時やった。土曜日の昼から友達と二人で川へ行った。おじいちゃんは、川へ入るなり瀬《せ》の手前の大きな石が重なり合ったとこを見たんや。そしたら、大きな魚のしっぽが見えた」

おじいちゃんの顔が少し緊張《きんちょう》して見えた。

「静かに瀬の方へ回って、頭の方から竿をすうっと入れて、ここら、と思って強くシャクッた。途端《とたん》に強い引きや。もう夢中《むちゅう》やった。どうして岸まで引っ張ってきたかおぼえとらん。後で友達からその様子をまねて笑われたな」

広樹には、思わず立ち上がるくらいに迫力《はくりょく》があった。

「落ち着いてよく見たら、四十センチ以上のメスやった。うれしかったなあ、あの時は」

聞いている広樹もうれしそうな顔、座りなおしてお茶を飲んだ。おじいちゃんも、お茶椀《ちゃわん》を手に持つとゆっくりと飲んだ。

「捕《と》った魚はどうするの？」

「魚は、刺身《さしみ》にしたり、卵はしょうゆをかけてあったかいごはんにのせて食べる。大きな魚やから、一尾でも沢山の切り身ができた。ほとんどは味噌《みそ》漬けにして、冬の弁当のおかずにした」

「味噌漬け？」

「あの時分は、味噌漬けが自家製の保存食《ほぞんしょく》や」

おじいちゃんの話は、次々と発展して、広樹の興味をそそる。

「アメノウオ一尾捕ったら大喜び、自分が捕った魚、と思うと無駄《むだ》にはしたくない。頭やアラも粕汁《かすじる》にして食べる。捨てるのは骨だけ、ほんとに有り難《あがた》い魚やったんや」

そうか、ビワマスってそのころの人たちにとっては、貴重《きちょう》な食料だったんだ。

なのに、現在では、その名前さえ知らない人が多くなっている。

「おじいちゃんの子どもの頃って楽しかったんだね。ビワマスは今どうなっているのか、ぼく調べておじいちゃんにお話するよ」

「ありがとう。おじいちゃんも久《ひさ》しぶりに楽しかった」


広樹は、おじいちゃんの話を聞いてから、ビワマスへの興味をかきたてられ、早速調べてみた。そして、日曜日の夜、おじいちゃんに電話をかけた。

「モシモシおじいちゃん、この間はありがとう。あのな、ぼく、ビワマスのこといろいろ調べてみたんや」

「もう調べたんか、早いなあ」

「おじいちゃんの子どもの頃って、一九五〇年頃?」

「そうや」

「そのころは年間百トンの漁獲量《ぎょかくりょう》があったんやて。それが、川に堰堤《えんてい》が出来たり、ダムが建設《けんせつ》されたりして、魚が減って、最近では年間三十トンくらいになってるんやて」

「三分の一くらいやな。少ないなあ」

心なしか、おじいちゃんの声が小さくなった。

「川の上流まで遡上できないから、びわ湖の河口《かこう》あたりでビワマスを捕獲《ほかく》して、人工で孵化させ、養殖して川やびわ湖に放流しているというてはった」

「醒ヶ井養鱒場《さめがいようそんじょう》やな」

「そやけどな、最近、自然の川へビワマスが遡上して産卵できるように、行政と市民が協力して、堰堤《えんてい》に『魚道《ぎょどう》』というものを作ってるところもあって、もう成果が出ている、とも言うてはった。何年かしたら、おじいちゃんの子どもの頃のようなシャクリができるようになったらいいのにね」

「そうなってほしいな」

おじいちゃんも、それを望《のぞ》んでいるようにしんみりと言った。

「それとな、長い間研究して、やっと成功した新しい魚が、最近食べられるようになったんやて」

「そんなのが出来たんか。どんな魚やろ？」

「『全雌三倍体《ぜんめすさんばいたい》＊』言うて、卵を持たない魚、産卵期にも味が落ちないおいしい魚で、まだ数は少ないけど、もう食べられますよ、これこそ『びわ湖の宝』ですよ、というてはった」

広樹は調べたことを一気に話した。

「広樹、よく調べてくれたな、ありがとう。おじいちゃんにもよくわかったよ」

「おじいちゃん、ぼくはね、おじいちゃんの話してくれたようなことをやってみたい。そして味噌漬けのビワマスも食べてみたい」

「まだほかにもおいしいものがあるし、いつか食べに連れて行こうか」

「ほんと！　連れてってて」

広樹は、思わず歓声《かんせい》を上げた。

*全雌三倍体　産卵期でも卵を持たないので卵に養分を取られず、肉質が良く
一年中脂の乗った身を味わえる

空《そら》飛《と》ぶカメラマン

ほんだまん

省三さんは子どもの頃から、いつも比叡山《ひえいざん》を見てきた。いや山を見ていたのではない。山を包みこむように広がる空を見ていたのだ。

「あの空に行きたい」

大きくなるにつれて、夢はふくらむいっぽうだ。

省三さんは、空に一歩でも近づきたくて、よく山に登った。ひたいの汗をぬぐいながら、山頂からびわ湖を見た。湖面に太陽の光がキラキラとちりばめられていた。美しいと思った。

しかし、それにもまして、空は底なしの青さで広がっている。山頂は省三さんを満足させる場所ではなかった。山はしょせん地面のふくらみでしかない。ふっくらと浮かぶ雲にふれてみたい。自分は鳥になって、その場所にたどりつきたいと考えていた。

省三さんは二十六才のとき、家の仕事を手伝いながら、パイロットになる訓《くん》練《れん》をはじめた。比叡山のふもとにある大津市際川《おおつしさいがわ》の飛行場。まっすぐな滑走路《かっそうろ》が田んぼのなかにあった。あこがれつづけた夢がかなおうとしていた。

空を見上げた。トビがあっというまに上昇《じょうしょう》して、黒く点にしか見えないほどの高さにいたると、輪をえがいて飛んだ。

黒いサングラスをかけた教官は飛行機《ひこうき》を指さして言った。

「では後ろに乗ってください」

白いつばさをもった『スーパーカブ』という小型《こがた》飛行機だ。

省三さんは、愛用のカメラを持って乗りこんだ。ちょっときゅうくつな座席にからだを押しこんだ。安全ベルトをしめる。

教官は前の座席について、エンジンを始動させた。ブルルとエンジンが高鳴ると、機体の先端にあるプロペラがいきおいよく回った。

「テイクオフするよ」

教官の声がエンジン音に乗って省三さんの耳にとどいた。

機体はさらにエンジンの音を高めて動き出すと、じょじょにスピードをあげて二百メートルほどを走った。

スーッと、からだが浮いた。

「あっ」

悲鳴のような声が省三さんの口からもれた。待ちに待った瞬間《しゅんかん》だ。息を止めた。見のがしてはいけないと思ったのに、流れ去る景色《けしき》に目がついていかなかった。

飛行機は右に機体を傾《かたむ》けると、進行方向を変えた。

省三さんはとっさにカメラをかまえた。ドックンと、心臓の音が指先にまで響《ひび》く。けれど、カメラののぞき窓《まど》に目をあてると、手の震《ふる》えは止まった。省三さんにとって、カメラは三つ目の目なのだ。どんな景色でも、一瞬でその姿をとらえられた。

高度五千フィート(千五百メートル)。飛行機は比叡山をはるかにこえる高さまで上昇して、琵琶湖大橋の方向に向かっている。

そして、カメラを下にむけたとたん、省三さんは、ううんと小さくうなった。びわ湖が青く輝く宝石のように見えた。湖全体の形は、琵琶《びわ》という楽器に似ている。目をこらす。岸辺に群がるヨシ原は緑のじゅうたんのようだ。よく知っているはずの風景が、今は別世界のものに思えた。省三さんはひたすらシャッターをおし続けた。

その一年後、パイロットの免許を取った。滋賀県では、その頃、飛行機を操《そう》縦《じゅう》できる人はとてもめずらしかった。

省三さんは飛行機のとりこになった。むちゅうで飛んだ。飛行機のことばかり考えていた。空は自分ひとりのもの。だれもついてこられないし、だれにも邪魔《じゃま》されない。自分のからだは、大きなつばさをもった鳥のようであった。

びわ湖の水面からわずか一メートルくらいのところを飛行しては、ヨットやボートに乗る人をおどろかせたりもした。また、あるときには、禁止されていた宙返《ちゅうがえ》りや、横に一回転しながら飛んでみたりした。

トビは始終空から地上を見まわし、獲物《えもの》をねらっているという。省三さんも大切なものを見逃すことはなかった。

昭和四十四年。大津市《おおつし》におの浜の埋め立て地で開かれていた『びわこ大博覧《だいはくらん》会《かい》』も終わり、かわりに大きな建物が建ちはじめた。大津市内の古い町並みのなかにビルも目立ちだした。びわ湖をとりまく景色は、日に日に変わっていった。新幹線が開通し、名神高速道路《めいしんこうそくどうろ》がつくられると、県内のあちこちの町にどっと工場がおしかけた。

そんなある日のこと。省三さんは、びわ湖にアオコが発生したことを知る。飛行機からながめると、水面に緑色のペンキを流したように見えた。おまけに腐《くさ》った魚のにおいまでした。びわ湖が、得体の知れない毒におかされているのではないか。省三さんは、ぶるっと身震いした。

このことをみんなに知ってもらいたいと思った。写真や記録映画にして、自分が見たものをみんなに知らせたい。そんな仕事への熱意がわきたった。

びわ湖では、昭和五十二年に大規模な淡水赤潮《たんすいあかしお》が発生した。湖や池で、ある種類のプランクトンが異常に増えて、水面の色を変えてしまう現象を「水の華」と呼ぶ。なかでも、赤味を帯びて見える場合は、海の『赤潮』に似ていることから『淡水赤潮』という。

県内の女性団体が中心となって、「石けん運動」がおこりはじめていた。家庭で使う合成洗剤《ごうせいせんざい》にふくまれるリンという成分が、びわ湖の水に悪い影響《えいきょう》を与えていた。その合成洗剤を使うのをやめて、石けんや粉せっけんを使おうという運動だ。

省三さんはびわ湖を守る運動をすすめる人たちといっしょに勉強しながら、記録映画《きろくえいが》づくりをはじめた。八ミリ幅のフィルムや、ときには十六ミリ幅のフィルムを使う撮影《さつえい》カメラを積みこんで、空からびわ湖を撮影した。知り合いのパイロットの操縦《そうじゅう》で、くまなく湖の上を飛ぶ。ありのままの姿を一刻も早くみんなに知らせたい。省三さんは、吸いつくようにカメラをのぞき、びわ湖を撮りつづけていた。

石けん運動が広がりだした頃、滋賀県では『琵琶湖総合開発』という事業も動き出した。湖岸のあちこちで工事がおこなわれ、美しいヨシ原がブルドーザーで押《お》し倒《たお》された。草津市《くさつし》では人工島の埋め立てがはじまり、その周辺が泥《どろ》で汚れているのが、飛行機からでもはっきりと見えた。消えたヨシ原はここだけではなかった。フナ、モロコが産卵《さんらん》する場所でもあるヨシ原がなくなれば、魚もしぜんと少なくなる。省三さんは、開発のために湖岸が変化したからだと思った。

消えたヨシ原とともに、もうひとつ悲しい風景があった。びわ湖のまわりにぐるっとつくられた湖岸道路である。省三さんには、それは人工の白い帯のように見えた。どう見ても美しいびわ湖に似合わない。

「自然に流れる時間と、人間のつくる時間にズレが生まれてしまった」

省三さんの目はきびしさを増していった。

撮影したフィルムには開発される以前のびわ湖の風景も記録されていた。そのことで変わりゆく湖の姿がよくわかった。フィルムは全部あわせると、千五百メートルという長さになった。編集《へんしゅう》と録音《ろくおん》がほどこされて完成した『俺《おれ》の見た琵琶湖』という映画は、新聞記事で話題となり、全国から上映希望《じょうえいきぼう》が寄せられた。プリント作品をつくり、貸出をくり返したことで、最後には原版《げんばん》のフィルムはボロボロになった。

石けん運動は大きく盛りあがっていた。新聞やテレビでも、びわ湖の姿やこの運動が紹介されるようになった。この流れに押されて、滋賀県は『琵琶湖条例《びわこじょうれい》』という法律をつくった。リンをふくむ合成洗剤を使ったり、販売《はんばい》することを禁止したのだ。省三さんの仕事が実を結んだとも言えた。けれど、目のきびしさは変わらなかった。

それから十年あまりがたった一九九四年八月。びわ湖はびっくりするほどの渇水《かっすい》に襲われた。

省三さんは友人のヘリコプターに乗って、びわ湖を南から北へ飛んだ。矢橋《やばせ》帰帆島《きはんとう》あたりの湖岸はアオコで緑色に染まっていた。烏丸半島から赤野井湾《あかのいわん》はごっそりと水位が下がり、藻とアオコが発生していた。干し上がった湖岸と堅田の浮御堂《うきみどう》に集まる見物客がアリのように見えた。長い間、びわ湖の変化を見てきた省三さんでも見たことのない風景であった。

ヘリコプターは近江八幡《おうみはちまん》から彦根《ひこね》の新海浜《しんがいはま》へ向かった。湖岸の砂浜はすっかり干上がり異様に光っていた。長浜港、びわ町の湖岸にもアオコが発生し、緑色に染まっていた。

「こんな場所まで」

省三さんのつぶやきは声にならなかった。

九月に入るとアオコはいっそう勢いを増した。飛行機からながめる湖面は、濃い緑色のペンキを流したようなありさまだ。この世のものとは思えない景色に、省三さんは何度も目をつむった。

けれど、数日後、びわ湖に雨がきた。久しぶりの雨が大地と干上がった湖をうるおした。

省三さんはカメラを持って飛行機に乗り込んだ。アオコは消えていた。美しい水面がもどりつつあった。

「そうなんだ。そうなんだ」

とつぶやくと、握りこぶしに力をこめた。やはり自然の力はすごい。干上がった自然を、もとの姿にもどしたのも自然の力だ。

「みんな見てくれ。みんな見てくれ」

省三さんは同じことばを何度も繰り返した。

そのできごとから間もなく、琵琶湖博物館《びわこはくぶつかん》で企画展示『私とあなたの琵琶湖アルバム』がおこなわれた。その入口のパノラマに省三さんの写真が使われた。三十年前の大津の湖岸と、三十年後の大津をほぼ同じ角度から撮ったものだ。

この写真では、人工の砂浜がなめらかな曲線をえがき、背の高いホテルとびわ湖ホールもできあがりつつある。石積みの遊歩道をジョギングをしたり、散歩を楽しむ人たちの姿を見ることもできる。埋め立てによって生まれた風景がそこにあった。

省三さんもこの遊歩道をよく訪れた。そして思う。(これでもいいのかな…)、と。

この十年を過ぎて、湖の上を飛行していると、赤野井湾《あかのいわん》の湖底が見えるようになっていた。びわ湖の透明度《とうめいど》がよくなっている。子ども時代に見た美しさをとりもどしているように思えた。

省三さんはヨシ原の消えた遊歩道で空を見上げた。

トビが黒い点となって輪をえがいて飛んでいた。

木之本《きのもと》のお地蔵《じぞう》さん

鈴木《すずき》幸子《さちこ》

今日は八月二十三日。夏休みがもうすぐ終わろうとしている。小学校四年生のさくらは長浜《ながはま》のおばあちゃんと電車で木之本に向かっていた。

「私、木之本の地蔵盆《じぞうぼん》初《はじ》めてや」

「楽しいことがいっぱいあるで」

そんな話をしていると、木ノ本駅に着いた。先を急いで、押《お》し合うようたくさんの人がホームに降《お》りた。

「大勢《おおぜい》の人が木ノ本駅で降りたなあ」

「そうや、今日は縁日《えんにち》やさかいなあ。一年の中で一番にぎやかな日や。夜になるともっと人が多くなる。さくら、迷子《まいご》にならんように、歩きいや」

子どもを連《つ》れた親子。浴衣《ゆかた》を着てきれいにお化粧《けしょう》をしたお姉さんたち。おじいさんやおばあさん。みんな、山手の方に向かって歩いている。

さくらはおいていかれないように、おばあちゃんの手を握《にぎ》った。

少し歩いていくと、道は登り坂になっていた。道の両脇《りょうわき》には、露店《ろてん》がずらっと並《なら》んでいて、人がぞろぞろと歩いている。そして、客を呼《よ》び込《こ》む威勢《いせい》のよい声が聞こえ、いろいろなおいしそうな匂《にお》いがしてきた。もう、ゆっくり歩いてはいられない。

「わー、ベビーカステラや。いい匂い。おばあちゃん、欲《ほ》しい」

「今から買うと、さめてしまう。帰りもこの道通るさかい、帰りにこうてあげる」

「約束《やくそく》やで」

少し進むと、さくらは大きな声で言った。

「金魚すくいもあるよ」

次から次から面白《おもしろ》いものが目に入る。

「まずは、お参《まい》りや。お参りが終わってから、ゆっくり、しましょ」

「お参り？」

「そうやで。もうすぐ行くと、お地蔵さんに着く。今日はそこにお参りに来たんやで。お地蔵さんはこどもを守ってくれる」

「そうなん」

そんな話をしていると、お寺の門の所に到着《とうちゃく》した。

「ここが、『木之本《きのもと》のお地蔵《じぞう》さん』。御本尊《ごほんぞん》は地蔵菩薩《じぞうぼさつ》。日本三大地蔵菩薩の一つなんやで。千三百年前からここにあるんや。目の仏様として知られているんや。まずは、本堂《ほんどう》で拝《おが》みましょう」

本堂の古い木の階段を数段上がった。中央で拝もうとする人が並んで、ごった返している。

「さくら、ここは神社ではないから、手をたたいたらあかんよ」

「わかった」

「『おんかーかか　びさんまえい　そわか』という念仏《ねんぶつ》を言ってお参りするんやで」

「私、そんなん覚《おぼ》えられん」

「まあええわ。手を合わせて、しっかりお参りしなさい」

さくらは手をたたかないでお参りした。おばあちゃんは先程《さきほど》の念仏をぶつぶつと言っている。右の人も左の人も何やら一生けんめいに拝んでいる。後ろからお参りに来た人に押された。

二人はやっとの思いで本堂の人混《ご》みから抜《ぬ》け出た。

「人が多くてゆっくり拝めんかったなあ。今度は、あのお地蔵さんをお参りするよ」

おばあちゃんは外を指さした。

「わー、大きい」

「あのお地蔵さんは、御本尊《ごほんぞん》を大きくした仏様や。明治時代になって作られた。高さが六メートルもある」

さくらは早速、大きなお地蔵さんの側《そば》に行き、上を見上げた。

「ほんまに大きいなあ」

二人は大きなお地蔵様の足元にろうそくを立ててお参りをした。

「次は『戒壇巡《かいだんめぐ》り』」

「何それ、お化《ば》けの怪談《かいだん》か」

「ちがう。御本尊《ごほんぞん》といわれている仏様《ほとけさま》の下を歩くことができるんや。でも、真っ暗で、何も見えない世界なんや」

「お化け出そうや。さくらはこわいから、行かない」

さくらの声は震《ふる》えていた。

「おばあちゃんがついているから、大丈夫《だいじょうぶ》。精神修行《せいしんしゅぎょう》や」

御戒壇巡り
御戒壇巡り

「ほんまに。絶対《ぜったい》に離《はな》れんといてや」

「絶対、離れんよ」

「それなら、入ってみようかなあ」

さくらとおばあちゃんは、本堂の右にある「戒壇巡り」の入口まで来た。中をのぞくと
「やっぱり、お化け屋敷《やしき》みたい。真っ暗や。こわい」

「さくら、おばあちゃんが先に行くから、右側《みぎがわ》の壁《かべ》をずっと触《さわ》って行くんや」

「真っ暗や。何も見えん。目開けているんやけど、何も見えん。真っ暗や」

さくらはパニックになり、おばあちゃんをさがした。手を伸《の》ばし、やっとおばあちゃんの手をつかんだ。

「こわいよー。もう出たい。もどりたい」

おばあちゃんにしっかりしがみついた。

「さくら、落ち着いて。何言ってるんや。今入ったところやんか。引き返すこ

とはできん。でも少しずつ進んだら大丈夫や。ここは五十七メートルくらいあるけど、静《しず》かに静かに進む。六つ目の角を曲がった先がお地蔵様のお足下《あしもと》。そこに大きな錠前《じょうまえ》がある。まず、そこまで頑張《がんば》って歩いてみ」

さくらはおばちゃんに言われるとおり、ゆっくりゆっくり、進んだ。

「六つ目の角やな。ここがひとつ」

目を開けているのに、何も見えない。おばあちゃんも、そばにいるのに見えない。手に触っている板の壁とおばあちゃんの角を数える声だけがたよりだ。

やがて、

「六つ目の角や。ここら辺りにあるはずやなあ。ここやここ。さくら、ここ触ってみ。錠前。触ってみ」

さくらも冷《つめ》たい鉄のようなものが手で触ってわかった。

「ここでお願《ねが》いを心の中で考えて、お祈《いの》りしてごらん」

一秒もたたないうちに

「もうお願いした」

さくらは早くこの暗闇《くらやみ》から、出たかったから、お祈りは早くすませ、前に進んだ。しばらくすると外に出た。

真っ暗闇から、一気にたくさんの光を浴《あ》びてまぶしかった。

「人が生まれる時ってこんなんかもしれんよ」

おばあちゃんのことばを聞いて、さくらは、最近《さいきん》生まれた弟の大介《だいすけ》のことを思った。

暗闇から出られて、ほっとしたが、それもつかの間。おばあちゃんが、

「もう一つお参りするところがある」

「えっ。いっぱいお参りするところが、あるんやなあ。今度はどこ？」

「『裏地蔵《うらじぞう》』いうて、お地蔵さんの裏側《うらがわ》から、お参りする」

「そこはこわくない？」

「ぜんぜんこわくないよ」

「じゃ、行ってみる」

本堂の脇《わき》を奥《おく》に進むと、古い建物の入口に、「お地蔵様はうしろからもお参りください」と書かれた紙が貼《は》ってある。

「ここから、入るんや」

さくらは靴《くつ》を脱《ぬ》ぎ、おばあちゃんの後ろをついて行った。

「さくら、この『お経《きょう》』の中から好《す》きな字を一つ書いて、お地蔵様にお供《そな》えするんや」

「般若心経《はんにゃしんぎょう》」というお経が大きく書かれて壁に貼ってあった。

「えー、むずかしい字ばっかり。どれにしようかな。そうや『一』」

さくらは紙に「一」と書いた。

「なんで『一』と書いたんや」

「早く書けるし、簡単《かんたん》や。それに何でも一番になりたいし」

「そうかそうか。この紙をあそこにお供《そな》えするんや」

さくらは紙をお地蔵さんの裏にお供えし、手を合わせた。おばあちゃんはさくらのその姿《すがた》を見て、頭をなでながら言った。

「さくら、この湖北《こほく》にはお地蔵さんや観音《かんのん》さんがたくさんある。昔昔から、この地方の人たちは信仰《しんこう》が深く、お地蔵さんや観音さんを大切にしてきたんや。今も昔もみんな、子どもや家族のことを思う気持ちは変《か》わらんのやなあ」

さくらは急に立ち上がり

「おばあちゃん、お参りすんだから、さあ早く、ベビーカステラ買って、金魚すくいしに行こう。」

さくらは、おばあちゃんの手を強く引き、はねるように店の方にかけて行った。

巌谷《いわや》小波《さざなみ》

樋口《ひぐち》てい子

（一）

「おひさま文庫」は、びわ湖の南側にある、静《しず》かな住宅街《じゅうたくがい》にあります。

文庫は、子どもたちが本を借《か》りたり読んでもらったりする楽しいところ。

文庫の主は七十才になるハルコさん。

かみは白くなり、せなかも少し丸くなりましたが、まだまだ元気です。

この文庫に、小さい時から通っている十才の少女ミク。

ハルコさんとミクは、今では心の通い合う友達《ともだち》のような間柄《あいだがら》です。

ミクには、いつか、ハルコさんに、たずねてみたい、と思っていることがありました。

それは、こんなに本が好きで、くわしいハルコさんが小さいとき、どんな本を読んでいたのかということです。

その答えが意外に早くやってきました。

そのきっかけは、一冊の風変りな本でした。

（二）

五月のある朝。

ミクは、「おひさま文庫」に行きました。

ミクが声をかけると、

「ミクちゃんどうぞ入っててね」

奥のキッチンから、いつものようなハルコさんの明るい声がかえってきました。ミクは玄関《げんかん》の左手にある洋間の扉《とびら》をあけてはいりました。そこが文庫のへやです。本だなにぎっしりと、絵本や児童書《じどうしょ》が並んでいます。

「あれっ」

窓ぎわのテーブルにおかれた一冊の本にミクの目がひきつけられました。

窓からのやわらかな光を反映《はんえい》している本。

すき通った薄紙《うすがみ》でおおわれ、糸でとじられた一冊の本です。題名は、曲がりくねった黒々とした字で読めません。奇妙《きみょう》な動物も描《えが》かれています。

変《か》わった本だわ、とミクが首をかしげていると、ハルコさんがはいってきました。そして、ミクのようすをみて、

「あら、この本ね、図書館で借りてきたのよ。貴重《きちょう》な本だから、ミクちゃんにだって見せてあげなーい」

と、お茶めっぽくいい、本を背中《せなか》にかくしました。

「あっ、いじわる。見せて、見せて」

ミクが手をのばすと、

「ふふふ、そう来ると思ったわ」

ハルコさんは、うれしそうにいい、ミクに本をそっと渡《わた》しました。

「この本は、今から百二十年ほど前、明治の中ごろに出版《しゅっぱん》された『こがね丸』という本よ。もっともこれは復刻版《ふっこくばん》といって元の本の通りにつくった本だけどね」

「へえ！」

ミクは目を丸くして、もう一度、本をよーく見ました。

「もう少しくわしく話してあげようか？」

ハルコさんは、ゆっくりソファに腰《こし》をおろしました。「この『こがね丸』という本はね。巌谷《いわや》小波《さざなみ》という人が書いた、近代日本の子どもの本の出発点、近代日本児童文学の祖《そ》、といわれている本なのよ」

「えっ？　そって」

「祖先の祖」

「ふーん。で、どんなお話？」

むくむくと興味《きょうみ》がわいてきたミクは、ハルコさんの横にすわりました。

「こがね丸というのは、この本の主人公、庄屋《しょうや》の家の犬なの。家族で飼われていたんだけどね。ある時、ずるいキツネにそそのかされた山に住む金眸大王《きんぼうだいおう》という悪いトラが、こがね丸のお父さんをかみ殺《ころ》したの。こがね丸は、多くの困難《こんなん》、苦労《くろう》の末、友達《ともだち》の助けも借りて、かたき討《う》ちを果《は》たすのね。その頃《ころ》の子どもたちに大いに受けたんですって。それに、それまでの子どもの本は粗末《そまつ》なものだったけど、その本は、ちゃんとした本格的な本だったのね」

ハルコさんは、そこで話をとめると、じっと聞いているミクに変わったことをいいました。

「ミクちゃんは学校に行っているわね」

「行っているにきまっているでしょ」

「ずーっと昔からあったと思っているでしょう」

「そうでもないわ。だって、昔は、寺小屋とか」

ミクはハルコさんが何が言いたいのかなと、ハルコさんの顔を見ました。

「あのね、この本が出たタイミングのことを話したいの」

ハルコさんが話し始めました。

「明治五年に学校という制度《せいど》ができたの。この本が出版されたのが明治二十四年、日本中に本をたのしめる大勢《おおぜい》の子どもたちがいるようになったというタイミングだったのね」

「あっ、そういうことなの。どうしてこの本をかりてきたの？　ハルコさんそのころの子どもじゃないでしょ」

ミクは頭の中で計算しました。そのころの子どもは今なら何才？　ミクの困った顔にハルコさんはぷっと吹き出し、

「そうね。その私が子どもだったら、今、百何十才かしら」

「そうだよね。クククッ」

窓《まど》から気持のよい風が入ってきて、レースのカーテンをゆらします。

つづいて、がやがや、文庫に来た男の子たちの声。

「じゃあ、この続きは、また今度ね」

ハルコさんが、にっこり笑って立ち上がりました。

（三）

湖から吹く風が、まるで、ビロードのようななめらかな六月の午後。

ミクと、ハルコさんは、「おひさま文庫」のソファーにすわり、この間の続きにはいりました。こんどは、ハルコさんがずっしりとした草色の本を見せてくれました。

「これは、『日本昔噺《にほんむかしばなし》』といってね、『こがね丸』のあとに、小波が次々と出した本の中の一冊なのよ。小波はね、日本に残っていた昔話や民話をあつめ、それらを子どもたちが読みやすいように書いて、次々に本にしていったの。日本だけじゃなくて世界の昔話や童話もね」

「へー、そんなにたくさん……」

ミクはそのずっしりとした本を開いて見ました。

「あっ、知っている話がいっぱい！」

目次に並んだ、お話の題名を見て、ミクが声をあげました。

『桃太郎』『一寸法師《いっすんぼうし》』『舌切雀《したきりすずめ》』等々、二十四も並んでいます。

「そうでしょ」

ハルコさんは、うれしそうにいいました。

「私が、戦後の昭和二十年代、少女のころね、そのころ家にあったたくさんの巌谷小波の本で育ったのよ。日本のだけじゃなく、外国のいろいろなお話にワクワクして、どんなに楽しかったことかしら」

ハルコさんの小さい時、ワクワクした本！

ミクが知りたかった答えがききました。

巌谷小波という人が書いたり、ほん訳をした本だったのだ!

「それで、本を読む楽しさを子どもたちに知ってもらおうと、文庫を開いたのよ。おかげでミクちゃんとお友達になれて、しあわせ」

ハルコさんの声が、うんと優《やさ》しくなりました。

「それとね、小波というおじさんはね、本を書くとき、何よりも大切にしたのは、面白くてわかりやすいということだったんですって。子どもの気持ちをよく知っていたのね」

「おじさん?」

ミクは聞き返しました。

「ふふふ。そう、ミクちゃん、ラジオって知っているでしょ」

「もちろん、知っているよ」

「昭和の初めのころ、テレビのない時代は、みんな、ラジオを聞いていたのよ。

そのラジオから

日本で　いちばん　よい　おじさん
おとぎの　おじさん　小波《さざなみ》さん
ほんとうに　そうです　おはなしの
あなたは　日本の　アンデルセン

と、子どもたちが歌うテーマソングの後に、小波がお伽噺《とぎばなし》を語っていたんですって。小波はね、語ることにもとても、情熱《じょうねつ》をもっていて、口演旅行《こうえんりょこう》といって、日本各地だけじゃなく、海外にも行って語っていたのよ。ほら、ミクちゃんたちも、読み聞かせとか、ストリーテーリングとか、大好《だいす》きでしょ」

「うん、すきすき」

ミクは小波というおじさんがぐっと親しみ深くなりました。

「それとね、巌谷小波というおじさんは滋賀県《しがけん》と縁《えん》の深い人なの。巌谷家は代々甲賀市水口町《こうかしみなくちちょう》が水口藩《みなくちはん》といったころ、藩医《はんい》（藩のお医者さん）の家柄《いえがら》だったの。小波は東京生まれだけど、ほら、小波というペンネームからも感じられるように、滋賀県を故郷《こきょう》のように思っていたんですって。それでね、お父さんの一六《いちろく》という人と二人の記念室があるのよ。正確《せいかく》にいうとね、甲賀市水口歴史民俗資《こうかしみなくちれきしみんぞくし》料館《りょうかん》にある『巌谷一六《いわやいちろく》・小波記念室《さざなみきねんしつ》』よ。機会《きかい》があったら、行ってごらんなさい」

「行ってみたーい」

小波がいっそう身近になったミクでした。

（四）

梅雨《つゆ》があけて、パッと明るい夏空がひろがった七月のはじめ。

ミクは、父の車で、甲賀市水口歴史民俗資料館に併設《へいせつ》された「巌谷一六・小波記念室」につれていってもらいました。

一六というのは、明治政府《めいじせいふ》の高官《こうかん》であり、明治の三筆《さんぴつ》といわれた書の達人《たつじん》だと父が教えてくれました。

ミクが、「小波はね」と、ハルコさんにきいた話を家でしたので、インターネットで調べてくれたのでした。

水口町の人たちが、水口生まれの一六、その子の東京生まれの小波（明治三年生まれ、昭和八年没　本名季雄《すえお》）の、水口との縁、そして、立派《りっぱ》な業績《ぎょうせき》を敬《うやま》って、記念室を平成九年に設立したことも、行く途中で話してくれました。

「立派な人だったんだね。小波は、子どもは子どもらしく元気なのが一番、っていっていたらしいよ」

パパも小波ファンになりかけてるわ。ミクはうれしくなりました。

水口歴史民俗資料館は、緑豊《ゆた》かな庭の中にある美しい建物です。

そこの正面の入口を入ると、すぐそこが「記念室」でした

記念室は、一六と小波の部屋に分かれています。

ミクは、ワクワクする気持ちで小波の部屋にはいりました。途端《とたん》、何か、なつかしいような、楽しいような気持ちに包《つつ》まれました。お噺《はなし》の世界の風にふか

れたような……。

まわりを見ると、子どもの本が展示してあり、壁には、小波の事を書いたパネルや、写真がはってあります。

「おとぎばなしのまど」と書かれた小さな舞台も見えます。

係の人が「小波が口演したときのお話が聞けますよ」と教えてくれました。

本の好きなミクです。まっ先に、本の所にいきました。

明治・大正・昭和の初めごろに出版された絵本やお話の本です。

色あざやかな美しい本が多く、見とれてしまいます。小波が編集をしていたという『少年雑誌』は、今の雑誌とは、ちがう雰囲気《ふんいき》だと感じました。

大切に保存されている本を見ている時、ミクはハルコさんがいった「近代児童文学の祖《そ》」という言葉を思い出しました。

（じゃあ、ここは、子どもの本の故郷なのかなぁ……）

お噺《はなし》の世界の空気をたっぷり吸ってミクは記念室をあとにしました。

（五）

帰り道。

父の運転する車が湖岸を通ったときです。

湖面が小さく波立ち、輝いています。

ミクは、また、思い出しました。

『小波という筆名《ペンネーム》からも感じられるように、小波は、滋賀県を故郷のように思っていたのですって』と聞いたことを。

「なんだか、うれしそうだね。どうだった、よかったかい？」

父の声に
「うん、とっても」

ミクは、にっこりと答えました。

解説

お話の宝物は、みつかりましたか。
あなたの心で、輝いているでしょうか。

『甲賀忍者屋敷』たんけん

西堀たみ子

テレビのアニメで見る忍者は、手裏剣をかっこよく投げますけれど、ほんとうの忍者は、手裏剣はめったに投げないそうです。ほんものの忍者がかつやくした時代、鉄はむだづかいできない金属だったのです。

今もほんものの忍者がいます。忍者の子孫です。会社につとめていたり、役所ではたらいていたり、ふつうの人とおなじように暮らしていますが、技をなくさないように、速く走ったり、高いところへ飛びついたり、毎日訓練しています。

いのちの水「カバタ」の暮らし

村田はるみ

「カバタ」は漢字では川端と書きます。この作品に出てくる高島市では、カバタといいますが、滋賀県には、カワトといったりカワヤといったり、呼び方はちがいますが、水を自分たちのそばにひきよせて、たいせつに使う暮らしが残っています。

「カバタ」のある暮らしは、水を使い捨てるのではなく、自然からもらう水をみんなで使っていく暮らしです。この暮らしには、近所の人へのきづかいが生まれるのでしょうね。

瀬田の唐橋

近藤きく江

らんかんに擬宝珠をのせた瀬田の橋は、唐橋ともいわれるし、長橋ともいわれます。いろいろな名前で呼ばれるほど、古来から親しまれ、たいせつにされた橋です。東国から京都に入るには、この橋をわたらなければならなかったのです。

とくに武士にとっては、この橋を手中に収めることが、たいへん重要でした。戦いを有利に進められるからです。

この作品は今の物語です。平和な時代、橋のシンボルマークの擬宝珠は、どんな役目をしているのでしょうか。

彦根鳶

北村恵美子

消防の出初式を見たことがありますか。

高いはしごのてっぺんで、逆立ちをしたり手を放してぶら下がったり、はらはらするような演技をして見せます。あれは、江戸時代、町人たちの家が火事になると消火にあたった町火消したちの心意気が伝えられているのですね。江戸城や武家の屋敷は武家火消しが火を消しました。

彦根鳶は、江戸の町でかつやくした加賀鳶に習って復活させたものです。

山岡孫吉さんの思いをつないだディーゼルエンジン

田中純子

長浜のヤンマー会館やヤンマーミュージアムは、山岡孫吉さんゆかりの建物です。長浜の人たちが、たいせつに守っています。ヤンマーミュージアムは新しくできた建物ですが、山岡孫吉さんの仕事を、これからの人たち、とくに子どもたちに伝えようとしています。―みんなを楽にしてあげたい―孫吉さんの願いは、小型エンジンとなって、かろやかな音を響かせて動いています。

ぼくらの野洲川ものがたり

上田英津子

暴れ川を○○太郎と呼ぶことがあります。鈴鹿の山を源流に持つ野洲川は、近江太郎と呼ばれます。治水のための改修工事が行われるまで、野洲川はたいへんな暴れ川でした。野洲川の周辺には、洪水でこまる人たちの話が、たくさん伝えられています。改修した川は、もう氾濫しませんが、新しい問題も出てきたようです。

この話を読んで、自然と人間の調和のとれた暮らしを考えられたら、いいですね。

伊吹のもぐさ

藤谷礼子

滋賀県では日本各地に育つ植物を見つけることができます。南の地方に育つ草たちも、北の地方に育つ草たちも生えているのです。

織田信長は、昔、多くの植物を集めて、薬草園を作ったといわれています。いろいろな植物に、体によい成分があることを、昔の人は知っていたのです。

もぐさはよく効く薬でした。今でも、形を変えて、使っている人がたくさんいます。お風呂に入れて、薬草湯を楽しむ家もあります。

ほねやさん

平松成美

地場産業って言葉を聞いたことがありますか。

「ほねやさん」は地場産業です。その土地の材料や技術を使って、その土地の人が特産品を作り出しています。

ここでいう「ほね」は、扇子のほねです。

かわかすためにほねが広げられた景色は、ほかでは見られないとてもうつくしい景色になります。

あしあとは宝物？

今関信子

土の中にあしあとが埋まっているなん

て、考えたことがありますか。

そおっと掘り出さないと、なくなってしまいます。

あしあとが掘り出せるの？　今はいろいろな研究や保存の方法も進歩して、あしあとだって残していけるのです。地面の中に眠る昔の証拠品。あしあとだって、貴重品です。昔を推理する手がかりなのです。

ビワマス

一円重紀

ビワマスのもう一つの呼び名を「アメノウオ」というのを知っていましたか。

秋、雨がたくさん降る日に、よく見かけたからそう呼ばれたようです。

アメノウオはよくとれて、少しまえにはごちそうとして、食卓に並んだといいます。伝統料理の本を見ると、アメノウオの料理を、かんたんに見つけられます。食べたことがありますか。食べたいですか。

空飛ぶカメラマン

ほんだまん

中島省三さんは、びわ湖が大好きです。ある日、大好きな飛行機に乗って、びわ湖の上を飛んだら、思いがけないものを見つけました。

びわ湖の周りで暮らす人たちも、思いがけないものを見つけました。

思いがけないものの正体は、なんで

しょう。

びわ湖が好きな人は、思いがけないものとたたかってくださいね。

木之本のお地蔵さん

鈴木幸子

あなたは縁日に行ったことがありますか。

木之本には、これに行ったら夏休みの終わりになる、そんな縁日があります。

この作品は、お地蔵さんが描かれていますが、思い出に残るのは、「いかやき」「金魚すくい」「わたがし」「ラムネ」「やきそば」「スーパーボールすくい」「くじびき」。

道のりょうがわに並んだ夜店かも知れませんね。

巌谷小波

樋口てい子

アンデルセンは『親指姫』や『人魚姫』など、百五十ものお話を作った人で、子どもの本の草分けです。巌谷小波は、日本のアンデルセンといわれた人です。この人が、子どもたちが読む日本の創作の最初の一作を書きました。そして、そのあと、たくさんの子どもの本を出版しました。

お話を書くときの名前をペンネームといいますが、東京に住んでいた小波さんは、大好きなびわ湖を思い浮かべて、ペンネームをつけたそうですよ。

〈参考文献・協力いただいた方々〉（敬称略）

「甲賀忍者屋敷」たんけん

『甲賀流忍術屋敷伝』甲賀流忍術屋敷　1993年

『伊賀甲賀忍びの謎』別冊歴史読本８　新人物往来社

いのちの水「カバタ」の暮らし

『台所を川は流れる』小坂育子　新評論　2010年

田中義孝（針江生水の郷委員会元会長）

瀬田の唐橋

『瀬田の唐橋』徳永真一郎　アリス館　1980年

彦根鳶

『新消防雑学事典』　東京消防庁　2002年

「彦根鳶だより」

大菅光雄・北村耕二（彦根消防団）

山岡孫吉さんの思いをつないだディーゼルエンジン

『燃料報国　ヤンマー70年のあゆみ』　ヤンマーディーゼル株式会社　1983年

「私の履歴書」山岡孫吉　1959年12月　日本経済新聞連載記事

小林文博（ヤンマーミュージアム初代館長）

ヤンマーミュージアム職員の方々

西原雄大（高月観音の里歴史民俗資料館）

安居重晴・山岡健二・山岡恭子

ぼくらの野洲川ものがたり

『野洲川物語』　田村喜子　サンライズ出版　2004年

『わたしたちの中洲』　守山市立中洲小学校　1981年

『わたしたちの守山』　守山市社会科副読本編集委員会　2011年

北出肇（野洲川でんくうの会会長）

伊吹のもぐさ

『花のくすり箱』　鈴木昶　講談社　2006年

『図解　薬草の実用事典』　田中孝治　家の光協会　2001年

『図解　四季の薬草利用』　小林正夫　農文協　2004年

ほねやさん

『湖国の地場産業』近江文化叢書19サンブライト出版　1984年

安曇川扇骨関係資料　扇業300年記念編纂等　安曇川図書館蔵　1999年

吹田政雄・房江（有限会社すいた扇子）

大藤稔之（大藤扇骨店）

あしあとは宝物？

『弥生のなりわいと琵琶湖―近江の稲作漁撈民』　守山教育委員会編　サンライズ出版　2003年

守山市教育委員会事務局文化財保護課職員の方々

ビワマス

滋賀県水産試験場醒井養鱒場

空飛ぶカメラマン

中島省三　ウェブサイト「中島省三フォトギャラリー」

中島省三「空撮人生」1993年　滋賀民報連載記事

木之本のお地蔵さん

木之本地蔵院

巌谷小波

『波の跫音―巌谷小波伝』巌谷大四　文藝春秋　1993年

『巌谷小波お伽作家への道』勝尾金弥　慶応義塾大学出版会　2000年

『日本のアンデルセン　巌谷小波』ブックレット　水口町教育委員会　2003年

『巌谷小波物語』米田実「近江から」に所収　たねや近江文庫　創刊号　2012年

〈挿絵をかいた人たち〉

一円重紀	瀬田の唐橋 彦根鳶 ビワマス
上田直愛	ぼくらの野洲川ものがたり
清川貞治	いのちの水「カバタ」の暮らし
徳永拓美	表紙 巌谷小波
中川佳代子	あしあとは宝物？ 空飛ぶカメラマン
西堀たみ子	「甲賀忍者屋敷」たんけん
平松空	ほねやさん
美濃部幸代	山岡孫吉さんの思いをつないだ ディーゼルエンジン 伊吹のもぐさ 木之本のお地蔵さん

〈執筆者紹介〉

一円重紀　犬上郡多賀町在住
紙芝居『タンポポのゆめ』で第17回箕面手作り紙芝居コンクール優秀賞受賞
紙芝居『びわこのおうさま』滋賀県児童図書研究会企画・制作

今関信子　守山市在住
滋賀県児童図書研究会会長　日本児童文学者協会理事
『ぎんのなみおどる』朔北社・『弥生人の心にタッチ！』くもん出版

上田英津子　守山市在住
児童文学創作「ごんたくれ」同人
「金色の魚」『滋賀の童話』所収　リブリオ出版

北村恵美子　彦根市在住
季節風びわこ道場会員
「それ、バツですか？」『滋賀の童話』所収　リブリオ出版・「お姉ちゃんは腰元です」『まつりものがたり』所収　サンライズ出版

清川貞治　高島市在住
1981年版画集「ろくろっ子」小学館　版画指導
高島市展・県展など入選多数

近藤きく江　大津市在住
児童文学創作「ひつじぐさ」同人

鈴木幸子　長浜市在住
紙芝居『近江に伝わる金太郎』西黒田きんたろう会

田中純子　長浜市木之本町在住
「京子のなぎなたふり」『まつりものがたり』所収　サンライズ出版

徳永拓美　守山市在住
画家（日本画・水彩画）
『いぶきのやさぶろう』京都新聞社・『甲賀のむかしばなし』サンライズ出版
紙芝居『きつねのおんがえし』滋賀県児童図書研究会企画・制作

中川佳代子　大阪府高槻市在住
染色作家　京都工芸美術作家協会会員
『ぼくたちの地蔵盆』サンライズ出版・『福ぶくろ』京都新聞社・『まつりものがたり』の表紙
長浜子ども歌舞伎のぼり・タペストリー

西堀たみ子　長浜市在住
紙芝居『一豊と千代さま』で一豊・千代物語紙芝居コンクール優秀賞受賞
紙芝居『おたんじょう　おめでとう』滋賀県児童図書研究会企画・制作

樋口てい子　大津市在住
日本児童文学者協会会員　児童文学創作「ひつじぐさ」同人
「けんたの赤いはちまき」『ゴジラのウインク』所収　童心社
「ぼくらさむがり四人組」で第64回滋賀県文学祭童話部門で芸術文化祭賞受賞

平松成美　高島市在住
自宅は絵本専門店カーサ・ルージュ
NPO法人絵本による街づくりの会理事長
児童向けの作品は本作が初作品

藤谷礼子　長浜市在住
紙芝居『にっこにっこ』

ほんだまん　彦根市在住
児童文学創作「ごんたくれ」同人
「みんな天気になあれ」『滋賀の童話』所収　リブリオ出版
「コンペイトウ、アヤウシ」で第57回滋賀県文学祭童話部門で芸術祭賞受賞

美濃部幸代　長浜市木之本町在住
元長浜市立湖北（旧湖北町立）図書館長
長浜市立中学校美術科講師
『元三大師かるた』元三大師かるた制作委員会

村田はる美　長浜市在住
「朝日の里まつり」『まつりものがたり』所収　サンライズ出版・紙芝居『わたりどりのカンちゃん』

おとなのみなさまへ

滋賀県児童図書研究会は、1971年、子どもたちが読む本が少ない、子どもたちにもっとお話の世界を楽しんでほしい、そんな願いを持って活動し始めました。

お話の出前に行ったり、お話会を開いたりしているうちに、本好き、お話好きの子どもが育ってきました。

2015年の今では、各地に図書館ができ、読書ボランティアが活動し始め、子どもの読書環境は、整えられつつあります。日本の本ばかりでなく、世界中の本が翻訳され、絵本の棚などは、色とりどりで形がさまざまな本がいっぱいです。

でも、滋賀県が舞台の本は少ないのです。

滋賀県児童図書研究会は、『みずうみのくに18のものがたり』を皮切りに、滋賀の昔話、滋賀の伝説の絵本を作り、『滋賀県の童話』『滋賀県の民話』『二倍でファイト』『まつりものがたり』など、滋賀県が舞台の子どもの本を作ってきました。

今回お届けしている『滋賀の子どものたからばこ』『続　滋賀の子どものたからばこ』は、ノンフィクションです。伝説や昔話とはちがった面白さや滋賀のすてきなものを、子どもたちに発見してほしくて作りました。子どもたちと共に、どうぞお楽しみください。そして、もし、子どもたちに伝えたい出来事や人物、行事等がありましたら、お教えくださるとうれしく思います。

滋賀県児童図書研究会会長

今関信子

続　滋賀の子どものたからばこ

2015年3月1日　初版第1刷発行

編　著　滋賀県児童図書研究会
発行者　岩根順子
発行所　サンライズ出版株式会社
〒522-0004　滋賀県彦根市鳥居本町655-1
TEL　0749-22-0627
FAX　0749-23-7720

印刷製本　P-NET信州

定価は表紙に表示しています。
落丁・乱丁がございましたらお取り替えいたします。

ISBN 978-4-88325-555-9 C8095

『滋賀の子どものたからばこ』
滋賀県児童図書研究会編
ISBN978-4-88325-506-1 C8095
定価　1300円＋税

滋賀県には自慢したくなるモノやコトがいっぱいあります。私財を投じて図書館や学校を作った先人、地域ぐるみで海津大崎の桜守りをしている地域、歴史や文化を守り続けている人達……。それらをお話にして「たからばこ」に入れました。家族や近所の人に聞いたり、調べてみれば、もっと宝物が見つかるかもしれませんね。

■目　次

ふなずしと私	西堀たみ子	湖北の蒸気機関車	鈴木　幸子
信楽だぬき	北村恵美子	杉野文彌さんの願いが実った「江北図書館」	田中　純子
安土の相撲	富山　郁子	近江牛を愛し育てる人たち	甲津　俊子
お多賀さん	一円　重紀	旧豊郷小学校ものがたり	今関　信子
オランダ堰堤	樋口てい子	海津大崎のさくらもり	徳永　拓美
ふきのたいたん	藤谷　礼子		

サンライズ出版